uso
de la gramática española
avanzado

Francisca Castro

Primera edición: 2020

© Edelsa, S.A.
© Francisca Castro Viudez.

Equipo editorial
Coordinación: Mila Bodas
Edición: María Sodore
Diseño interiores y cubierta: Carolina García
Maquetación: Estudio Grafimarque, S.L.
Corrección: Natalia García

ISBN: 978-84-9081-627-1
Depósito legal: M-13254-2020
Impreso en España/*Printed in Spain*

Las normas ortográficas seguidas en este libro son las establecidas por la Real Academia Española en su última edición de la *Ortografía*.

La editorial Edelsa ha solicitado los permisos de reproducción correspondientes y da las gracias a todas aquellas personas e instituciones que han prestado su colaboración.

Cualquier forma de reproducción de esta obra solo puede ser realizada con la autorización de la editorial, salvo excepción prevista por la ley. Diríjase a CEDRO (Centro Español de Derechos Reprográficos, www.cedro.org) si necesita fotocopiar o escanear algún fragmento de esta obra.

uso
de la gramática española

Francisca Castro

La organización general de *Uso de la gramática española* es la del *syllabus* gramatical con el que los manuales de ELE suelen articular la progresión del aprendizaje en sus diferentes niveles.

Su objetivo es dar a la gramática la importancia que tiene como medio para obtener competencia lingüística y, al tiempo, mayor confianza a la hora de comunicar.

Los 22 temas de *Uso de la gramática española* -nivel avanzado- presentan toda la gramática necesaria para un tercer año de español y la trabajan en una serie de ejercicios sistemáticos y graduados.

Cada tema tiene las siguientes partes:

Presentación de los puntos gramaticales, con ilustraciones y cuadros de los modelos.

De este modo, fundamentalmente visual, se recibe una información global, clara y esquemática que servirá como elemento de consulta rápida en cualquier momento del aprendizaje.

Uso, que explica las reglas esenciales de funcionamiento de los puntos gramaticales en situación de comunicación cotidiana, con el apoyo de numerosos ejemplos.
Se ha procurado que el lenguaje esté al alcance de todos los posibles usuarios. Por tanto, se ha utilizado solo la terminología lingüística imprescindible y las explicaciones son muy sencillas en el léxico y en la estructura.

Ejercicios, que reúnen las siguientes características:
- diseño que permite trabajar primero la forma y a continuación su uso en el contexto de la frase,
- gradación que va desde las actividades controladas hasta las de producción libre y semilibre en el interior de los temas,
- selección de vocabulario en función de la rentabilidad, la adecuación al nivel y el incremento gradual para su asimilación fácil y completa.

Uso de la gramática española se concibe como un material de trabajo activo, en el aula o en autoaprendizaje.
Como elementos que posibilitan la autonomía del aprendizaje, las páginas de ejercicios tienen espacios asignados para la autoevaluación: al final de cada ejercicio y al final de cada tema para el balance de aciertos.

También hay ejercicios de práctica libre y semilibre respectivamente. Estos ejercicios no se incluyen en el número de aciertos porque no tienen una solución fija.

Al final de la obra hay una serie de **Ejercicios complementarios sobre textos narrativos** cuyo objetivo es que el aprendiente practique de forma contextualizada los tiempos y modos de la narración.

La autora

ÍNDICE

6

1. La impersonalidad y la voz pasiva

22

4. Los indefinidos y cuantitativos

36

7. Las preposiciones

11

2. *Ser* y *estar*

27

5. Las oraciones finales

42

8. Los verbos de cambio

16
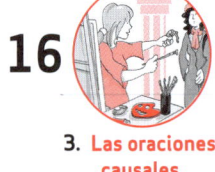
3. Las oraciones causales

31

6. Las oraciones de relativo

46

9. Expresar sentimientos y deseos

52 10. Las oraciones condicionales

76 15. Las oraciones temporales

102 20. Los prefijos y sufijos

58 11. Los comparativos y superlativos

81 16. El estilo indirecto

108 21. Las frases hechas

63 12. Las perífrasis verbales

86 17. Los pronombres personales

112 22. La acentuación

68 13. Las oraciones consecutivas

93 18. Expresar entendimiento y percepción

120 Concordancia verbal entre oraciones

71 14. *Ser / estar* + adjetivo

97 19. Las oraciones concesivas

121 Ejercicios complementarios sobre textos narrativos

Tema 1

 **LA IMPERSONALIDAD Y LA VOZ PASIVA**

La impersonalidad
Se + verbo en 3.ª persona del singular o del plural
Verbo en 3.ª persona del plural

La voz pasiva		
Verbo *ser* + participio + (*por* + sustantivo)		
(yo)	soy / he sido / fui…	
(tú)	eres / has sido / fuiste…	
(él/ella/usted)	es / ha sido / fue…	premiado/-a/-os/-as
(nosotros/-as)	somos / hemos sido / fuimos…	
(vosotros/-as)	sois / habéis sido / fuisteis…	
(ellos/-as/ustedes)	son / han sido / fueron…	

Uso

La impersonalidad

Se usa para generalizar y expresar que no interesa quién es el sujeto de la acción:

1 *Se* + verbo en 3.ª persona del singular:

- *En España **se cena** muy tarde, a partir de las 9.*

Se + verbo en 3.ª persona del singular o del plural.
Lleva un sujeto gramatical que concuerda con el verbo:

- ***Se** come mucho pan.*
- *Ahora **se** consumen muchas naranjas.*

2 Verbo en 3.ª persona del plural.
Expresa que existe un sujeto que no nos interesa nombrar o que no conocemos:

- ***Han llamado** hoy y **han dicho** que **vendrán** a arreglar el ordenador.*
- *Buenos días, ¿**venden** libros antiguos?*

3 A veces se pueden usar las dos formas:

- ***Se dice** que **va a subir** el precio de la gasolina otra vez.*
- ***Dicen** que **va a subir** el precio de la gasolina otra vez.*

La voz pasiva

1 Verbo *ser* + participio.
Se emplea principalmente en el lenguaje periodístico y en narraciones históricas. Es importante elegir el tiempo adecuado en función del marcador temporal.

- *Hoy **han sido clausuradas** las III Jornadas de Gastronomía Vasca.*
- *Ayer **fueron clausuradas** las III Jornadas de Gastronomía Vasca.*

2 Verbo *ser* + participio + *por* + sustantivo
Permite expresar el agente de la acción.

- *Este monasterio **fue construido** en el siglo XIV **por un rey cristiano**.*

Ejercicios

1. Complete las frases siguientes con la forma *se* + verbo en 3.ª persona sing. /plural.

1. El día 5 de junio *se celebra* el Día Mundial del Medio Ambiente. *(celebrar)*
2. *Se arreglan* bicicletas. *(arreglar)*
3. El aceite español _____ a todo el mundo. *(exportar)*
4. _____ clases de piano. *(dar)*
5. ¿Es aquí donde _____ un piso? *(alquilar)*
6. Cada día _____ más coches eléctricos en la calle. *(ver)*
7. Ahí _____ especialmente juguetes. *(fabricar)*
8. _____ más gente para ese trabajo. *(Necesitar)*

Aciertos: ……… de 6

2. En estas frases, escoja la forma más adecuada: verbo en 3.ª persona del plural, o *se* + verbo en 3.ª persona singular / plural.

1. Perdone, señor, pero aquí no *se permite* entrar a los perros. *(permitir)*
2. Buenos días, ¿aquí _____ guitarras? *(arreglar)*
3. A veces, en un país extranjero es difícil saber qué _____ hacer y qué no _____ hacer. *(poder, poder)*
4. En español _____ «Lo siento» cuando alguien anuncia una mala noticia. *(decir)*
5. ¿Puede hablar más alto?, aquí no _____ nada. *(oír)*
6. A Juan lo _____ en el trabajo. *(ascender)*
7. Este palacio lo _____ el siglo pasado. *(restaurar)*
8. Lo siento, pero en las rebajas no _____ cambios. *(admitir)*
9. He preguntado en la Secretaría y me _____ que no hay clase. *(decir)*
10. No _____ qué va a pasar en las próximas elecciones. *(saber)*
11. A veces _____ cosas que no son convenientes. *(decir)*
12. ¿Tú crees que la era digital es la causante de que _____ menos libros? *(leer)*
13. Buenas tardes, ¿_____ pantalones negros de cuero? *(tener)*
14. No, todavía no _____ el informe que presenté el mes pasado. *(evaluar)*
15. Lo _____ cuando salía del banco con el dinero. *(detener)*
16. Este tipo de calzado ya no _____ mucho. *(fabricar)*
17. ¿Todavía no _____ a arreglar el *router*? *(venir)*
18. El mes pasado a mí me _____ menos en la nómina. *(pagar)*

Aciertos: ……… de 18

3. Estas frases son correctas, pero no son habituales en español. Reescríbalas en la forma activa, con el verbo en la 3.ª persona del plural.

1. El niño perdido ya ha sido encontrado.
   Ya han encontrado al niño perdido.

LA IMPERSONALIDAD Y LA VOZ PASIVA

2. El ascensor ha sido arreglado hoy.

3. En este bar son preparados diariamente mil bocadillos de jamón.

4. Un nuevo centro comercial va a ser construido ahí.

5. El día y la hora del estreno han sido cambiados.

6. El mes pasado el precio de la gasolina fue subido dos veces.

Aciertos: ……… de 5

4. Siga el modelo.

1. La Maja desnuda / pintar / Goya   La Maja desnuda *fue pintada* por Goya.
2. El submarino / inventar / un español
3. El acueducto de Segovia / construir / romanos
4. *Romeo y Julieta* / escribir / Shakespeare
5. La penicilina / descubrir / Fleming
6. La *Novena Sinfonía* / componer / Beethoven
7. *Dolor y Gloria* / dirigir / P. Almodóvar

Aciertos: ……… de 6

5. Complete estas noticias con el verbo *ser* + el participio de uno de estos verbos.

> detener   condenar   asaltar   encontrar   premiar
> aplazar   traducir   llevar   trasladar   clausurar

1. Hoy *ha sido clausurada* en Sevilla la quinta edición de la Feria de Arte Antiguo.
2. El culpable _____ a veinte años de prisión.
3. El camión que llevaba ayuda humanitaria _____ ayer por los rebeldes.
4. _____ tres presuntos terroristas por el atentado.
5. La sede de esta empresa _____ a otra ciudad.
6. Los detenidos _____ delante del juez ayer por la la mañana.
7. Todos sus libros _____ a varios idiomas.
8. _____ el cuadro de Picasso desaparecido.
9. Esa película _____ en el Festival de Valladolid de este año.
10. La reunión _____ a causa del mal tiempo.

Aciertos: ……… de 9

LA IMPERSONALIDAD Y LA VOZ PASIVA 1

6. Complete la siguiente receta de un postre español con estos verbos en forma impersonal con *se*.

> poner   dejar (2)   colocar (2)   rebozar   cortar
> poder   verter   sacar   batir   dar   coger   freír

TORRIJAS

Ingredientes:
- 1 pan de torrijas (mejor comprado la víspera)
- 3/4 de litro de leche
- 3 cucharadas soperas de azúcar
- 2 o 3 huevos
- 1 litro de aceite
- azúcar molida para espolvorear

Se corta la barra de pan en rodajas de un dedo de grosor (2 cm) y 2. _____ en una fuente un poco honda. 3. _____ la leche a calentar con las 3 cucharadas de azúcar y cuando está a punto de hervir 4. _____ sobre el pan. 5. _____ una hora para que se empapen. En un plato sopero 6. _____ los huevos. En el momento de freír las torrijas, 7. _____ de una en una con una espumadera, 8. _____ en el huevo y 9. _____ en el aceite caliente. Cuando están doradas por un lado, 10. _____ la vuelta con cuidado para que no se rompan. 11. _____ de la sartén y 12. _____ escurrir un poco. 13. _____ en la fuente donde se vayan a servir, espolvoreándolas con azúcar. 14. _____ servir templadas o frías.

Aciertos: .... de 13

TEMA 1   TOTAL aciertos: ....   de 57

Tema 2

SER Y ESTAR

Ser	
obligatorio	(in)justo
aficionado	(in)conveniente
simpático	(im)probable
indiferente	(in)necesario
famoso	(in)voluntario
tímido	(in)útil
similar	(in)increíble

Estar
aparcado
acostumbrado
prohibido
quieto
muerto
dormido
convencido
satisfecho

Ser / Estar		
claro	oscuro	limpio
tranquilo	fuerte	sucio
verde	aburrido	grande
despierto	listo	frío
delicado	vago	parado
ancho	ansioso	peor

Uso

Ser

1 Se usa para definir e identificar cosas y a personas:
- *Aquella **es** la protagonista de la película.*

2 Expresa cualidades físicas y morales:
- *Sus abuelos **son** mayores y simpáticos.*

3 Expresa un juicio de valor:
- *Lo que cuentas **es** injusto.*

4 Se usa para indicar el lugar, la hora y la fecha de una celebración:
- *¿Sabes cuándo, dónde y a qué hora **es** la conferencia del Dr. Cariñeno?*
- ***Es** el martes, a las 5, en el aula 6.*

5 Permite describir con expresiones valorativas:
- *¡Qué amable! Esa mujer **es** un encanto.*
- *Eres muy desordenado. ¡**Eres** un desastre!*

Estar

1 Se usa para hablar del estado de ánimo de las personas o del estado de las cosas:
- *Elena **está preocupada** por las noticias de las inundaciones en Levante.*
- *Tu habitación **está muy desordenada**.*

2 Expresa situación y presencia:
- ***Estoy** aquí contigo.*

3 Indica la temperatura:
- *¡Qué frío! **Estamos** a 5 grados bajo cero.*

4 Permite formar perífrasis (+ gerundio) que expresan la acción en su desarrollo:
- ***Estábamos saliendo** de casa cuando nos llamaron del hospital.*

5 Indica que una actividad profesional tiene un carácter más o menos temporal:
- *Su novio es profesor, pero ahora **está de jardinero**.*

6 Permite formar expresiones:
- *Estar de guardia, por las nubes, de moda, de suerte, de broma, que trina.*

Ser / estar

1 En general, podemos decir que, con el mismo adjetivo, usamos *estar* para hablar de algo temporal y *ser* para hablar de una cualidad inherente:
- *Mi tío ya **no es joven**, pero **está muy joven**.*

2 Sin embargo, se pueden observar cambios en el significado de los adjetivos, según se utilicen con un verbo u otro. Observe los ejemplos:
- *El aceite de oliva **es muy bueno** para la prevención de las cardiopatías. (Para la salud)*
- *Este aceite de oliva **está muy bueno**, ¿dónde lo has comprado? (De sabor)*
- *Esta blusa me gusta, **es ancha**. (Está hecha así)*
- *Esta blusa no me gusta, **me está ancha**. (A mí me queda ancha, no me queda bien)*

SER Y ESTAR 2

1. Complete las frases siguientes con *ser* o *estar*.

1. *Parece que mi madre está mejor desde que la vio el médico.*
2. Mi mejor compañía _____ un buen libro.
3. La reunión _____ en el aula 8, el lunes próximo.
4. ¿Qué _____ pasando aquí?
5. ¿Dónde _____ el accidente?
6. Desde que tú _____ conmigo, mi vida _____ distinta.
7. Esta niña _____ un encanto.
8. ¿Qué _____ de aquel novio que tuviste hace años?
9. • ¿Qué hace Estrella?
   • _____ de directora de una sucursal del Banco Español.
10. Dijo que no _____ dispuesta a seguir trabajando tanto.
11. Rafael Nadal _____ uno de los mejores tenistas del mundo.
12. Yo creo que tú _____ mejor con el pelo corto.
13. No lo esperes, porque no _____ seguro que venga.
14. ¿Ustedes _____ de la empresa de mi mujer?
15. Estos bolígrafos no _____ de la misma calidad que los otros.
16. No te preocupes por el coche, _____ asegurado a todo riesgo.
17. ¿Tú crees que este sistema de encendido del gas _____ bastante seguro?
18. Cállate, _____ mejor que no digas nada.
19. Vengan rápido, por favor, _____ una urgencia.
20. No te tomes ese café, _____ frío.
21. No _____ loco, hace demasiado frío para bañarse en la piscina.
22. Jimena _____ muy grave, pero espero que se recupere.
23. Doctor, ¿usted cree que lo de mi hermano _____ grave?
24. Por favor, no hagas eso, _____ una locura.
25. Si no _____ satisfecho con su compra, le devolvemos su dinero.
26. Pepe _____ bastante maniático, nada le parece bien.
27. La mayoría de la gente _____ concentrada en la plaza del pueblo.
28. ¿_____ seguros de que ella vive aquí?
29. Hoy María _____ más alegre que de costumbre.
30. Juan _____ ansioso por saber si aprobará o no.

Aciertos: .... de 30

2. Señale las seis frases incorrectas y corríjalas.

1. *Mamá, la sopa es fría. Incorrecta.*
   Mamá, la sopa está fría.
2. Este jersey no me queda bien, me está estrecho.
   _____
3. La boda de mi hermano está el domingo próximo en el restaurante Miramar.
   _____
4. El mar estaba a pocos kilómetros de allí.
   _____

Ejercicios

5. Esta película está muy buena.

6. Su cumpleaños está en diciembre.

7. Allí es donde vive Jacinto.

8. ¿De cuándo es ese periódico?

9. Las lentejas están muy sosas, ¿no les has echado sal?

10. Hoy hace calor, somos a 35º a la sombra.

11. ¿Está lista la cena?

12. No pensaba que esta película estuviera tan larga.

13. Lucía es de camarera en un bar de la costa.

14. La escalera de mi casa era de piedra blanca.

15. Esos están en contra de la huelga.

Aciertos: .... de 14

3. Complete las frases con una de las expresiones del recuadro.

> estar hasta las narices   estar al corriente   estar de suerte
> **estar de guardia**   estar de moda   estarle (a alguien) bien empleado
> estar por las nubes   estar que trina   estar de broma

1. Por favor, ¿puede decirme qué farmacia *está de guardia* esta noche?
2. ¡No puedo más! _____ de tu actitud.
3. La vida está cada día más cara, los precios _____
4. Pues sí, este año _____, me han ofrecido varios papeles para trabajar en la televisión y en el cine.
5. No sé qué le pasa a tu marido, pero está enfadadísimo. ¡_____!
6. Esa gente es muy cotilla, _____ de la vida de todo el vecindario.
7. • ¿Sabes que a Emilio le han puesto otra multa?
   • _____, por no hacer las cosas como es debido.
8. Este año _____ los pantalones estrechos, a diferencia del año pasado.
9. ¿Qué dices? No me lo creo, ¿_____?

Aciertos: .... de 8

SER Y ESTAR 2

4. Complete las frases con *ser* o *estar*. Algunos adjetivos cambian de significado según se usen con uno u otro.

1. Este flan *está* riquísimo.
2. _____ claro que este año no vamos a poder ir de vacaciones.
3. Yo no creo que _____ malo que los jóvenes salgan por la noche.
4. Miguel _____ todavía un poco verde para el examen de conducir.
5. Su novia _____ atenta y educada, pero no tiene trabajo, _____ parada.
6. ¿No crees que este color _____ demasiado claro para el fondo?
7. Dice el refrán que «todo lo barato _____ caro».
8. Cuando fui a su habitación, aún _____ despierta.
9. Lo siento, no vi nada porque todo _____ muy oscuro.
10. La noche _____ oscura porque casi no hay Luna.
11. Ten cuidado con las copas, _____ muy delicadas.
12. Para ese trabajo hace falta alguien que _____ más despierto que tu primo.
13. Me parece que Felipe _____ demasiado vivo.
14. No me gusta este tono para el sofá, _____ muy claro, se va a manchar.
15. Sí, mi tía siempre _____ delicada de salud.
16. El vendedor de la esquina _____ ciego de nacimiento.
17. La madre de Puri _____ una señora entrañable.
18. Aunque el agua parece clara, _____ sucia.
19. ¿_____ claro lo que he explicado hasta ahora?
20. _____ listo si crees que te lo voy a contar: _____ un secreto.
21. El enfermo ya _____ muy débil, no come nada.
22. Tienes que _____ fuerte para el partido de mañana.
23. Yo creo que los espárragos no _____ bien conservados en esta lata.

Aciertos: ……… de 24

5. Relacione las expresiones con su significado.

1. Ser un caradura.
2. Ser todo oídos.
3. Ser un plomo.
4. Ser agarrado.
5. Ser un hueso.
6. Ser un buen partido.
7. Ser un cero a la izquierda.
8. Ser pan comido.

a. *Una persona que se aprovecha de las demás.*
b. Una persona que no quiere gastar dinero nunca.
c. Una persona que no vale para nada.
d. Una persona muy dura, exigente.
e. Una persona que aburre a las demás.
f. Algo que resulta muy fácil.
g. Una persona que escucha atentamente.
h. Una persona con una muy buena posición social para casarse con ella.

Aciertos: ……… de 7

TEMA 2 TOTAL aciertos: ……… de 83

Tema 3

LAS ORACIONES CAUSALES

Las oraciones causales	
Como, ya que, puesto que, que, porque	+ indicativo
Por	+ infinitivo / nombre / adjetivo
A causa de	+ nombre

Uso

Las oraciones que expresan causa pueden ir introducidas por las siguientes conjunciones.

Porque, que

1 Las causales introducidas por *porque* van siempre en segundo lugar, detrás de la oración principal:

- *Está muy contenta **porque ha encontrado** un buen trabajo.*

2 Las frases introducidas por *que* son coloquiales y en la oración principal suele haber un imperativo:

- *Niño, **ven** aquí, **que** te **voy** a dar la merienda.*

Como

1 Las causales introducidas por *como* van antes de la oración principal:

- ***Como no venías**, empecé a comer yo sola.*

Ya que, puesto que

1 Las causales introducidas por *ya que* y *puesto que* pueden ir antes o después de la principal, generalmente se usan cuando la razón es obvia, conocida por todos. *Puesto que* se utiliza en contextos formales:

- *Juan, **ya que estás** en la cocina, tráeme agua.*
- ***Puesto que no hay acuerdos**, no podemos firmar el contrato.*

Por, a causa de

1 *Por* + infinitivo / nombre / adjetivo:

- *Han despedido a un jugador **por insultar** al árbitro.*
- *Lo he comprado **por el estilo** que tiene.*
- *Criticaron al gobierno **por irresponsable**.*

2 *A causa de* + nombre:

- *Tuvieron que cerrar las carreteras al tráfico **a causa de la nieve**.*

¿Por qué...?, ¿cómo...?

1 Se utilizan para preguntar por la causa:

- *¿**Por qué no vienes** esta tarde?*
- *¿**Cómo** (es que) **no viniste** a la inauguración de la Feria?*

Ejercicios

1. Relacione.

1. Como eran tan baratos,
2. No le gusta esquiar,
3. Nos hemos subido aquí,
4. Corre,
5. Ya que estás aquí,
6. Te has caído,
7. Prepara el horno,
8. Puesto que la bicicleta ya no sirve,
9. A causa de su trabajo,

a. porque tiene miedo de caerse.
b. compraremos otra.
c. Valeria tiene que vivir cerca del hospital.
d. por mirar hacia atrás.
e. que voy a meter la tarta.
f. arréglame la tele.
g. que se va el autobús.
h. porque abajo hacía mucho calor.
i. me compré tres.

Aciertos: .... de 8

2. Escriba el verbo entre paréntesis en la forma más adecuada.

1. Yo creo que David no sale con nosotros porque le *caemos* mal. *(caer)*
2. Como _____ mucho, no pudimos salir del refugio. *(llover)*
3. Le tomaban el pelo porque _____ conmigo. *(salir)*
4. El otro día, como no _____ dónde vivía Jesús, se lo _____ a Laura. *(saber, preguntar, yo)*
5. Puesto que tú _____ la jefa, tú mandas. *(ser)*
6. Hay que tener cuidado cuando pasa un camión, ya que _____ una gran masa de aire. *(arrastrar)*
7. Cuidado, que te _____ a quemar. *(ir)*
8. La doctora no podrá atenderles hoy porque _____ de viaje. *(estar)*
9. Ya que _____ al club, dile a Juanjo que lo llamaré mañana. *(ir)*
10. Eso te pasa por _____ donde no te llaman. *(meterse)*
11. Ella vino porque la _____ Sara. *(llamar)*
12. Como allí no _____ hacer nada, me fui a mi casa. *(poder)*

Aciertos: .... de 12

3. Transforme estas afirmaciones en preguntas. Siga el modelo.

1. *Estás muy delgado.*
   ¿Cómo es que estás tan delgado?
2. Hace mucho tiempo que no pasas por la asociación.
   _____
3. No salís de vacaciones este año.
   _____
4. Han vendido la tienda los Pérez.
   _____
5. No has ido a trabajar hoy.
   _____

LAS ORACIONES CAUSALES 3

6. Han cerrado la oficina de Correos.

7. Habéis llegado muy tarde.

Aciertos: .... de 6

4. Complete las frases con el nexo causal más adecuado.

porque (2)   como (5)   por (2)   ¿por qué? (3)   que (2)

1. Fuimos a bañarnos *porque* hacía un calor horrible.
2. ¿_____ te enfadaste con tus compañeros el otro día?
3. No quiero más, gracias. No puedo comer más _____ estoy satisfecha.
4. Yo estaba furioso conmigo mismo _____ haber aceptado el chantaje.
5. Date prisa, _____ pueden venir los otros de un momento a otro.
6. _____ él había planeado pasar el fin de semana conmigo, le sugerí que fuéramos a Sevilla.
7. _____ no confiaba en mi memoria, lo apunté todo en un papel.
8. Eso te pasa _____ no mirar dónde pisas.
9. Vámonos ya a casa, _____ es tarde.
10. ¿_____ no llamas a Marcela y la invitas a comer?
11. _____ mi madre ya había hecho la comida, me quedé a comer con ella.
12. _____ yo era el único responsable de la seguridad, pedí aumento de sueldo.
13. _____ estaban muy preocupados, no quise decirles nada.
14. ¿_____ te enfadas?, yo no te he hecho nada.

Aciertos: .... de 13

5. Elija la conjunción correcta.

1. Se producen muchos accidentes *a causa del / porque* alcohol.
2. No pude ir a buscarte al aeropuerto *porque / a causa de* tuve que quedarme en una reunión importantísima.
3. Lo expulsaron del ejército *porque / a causa de* su irresponsabilidad.
4. *Porque / A causa del* mal tiempo se tuvo que suspender la búsqueda de los montañeros desaparecidos.
5. Se hizo maestro *porque / a causa de* le encantaban los niños.
6. No pudo seguir trabajando en la empresa *porque / a causa de* su mal carácter.
7. Cada día hay más economía sumergida *porque / a causa del* paro.
8. Se operó de la garganta *porque / a causa de* se lo habían aconsejado los dos médicos a los que consultó.
9. La Tierra se calienta cada día más *porque / a causa de* la contaminación.
10. No les gustaba salir con Elena *porque / a causa de* ella se mostraba muy pedante cada vez que hablaba.

Aciertos: .... de 9

Ejercicios

6. Forme una frase compuesta con estas dos frases. Utilice el conector.

1. Nos fuimos. No venías. *(como)*
   Como no venías, nos fuimos.
2. Tenía muchas pesadillas. No podía dormir. *(porque)*

3. Tiene experiencia profesional. Ha conseguido este puesto. *(por)*

4. Iré sola. Nadie me acompaña. *(puesto que)*

5. Hubo una pandemia. El mundo se detuvo. *(a causa de)*

6. Déjame este libro. Lo has leído. *(ya que)*

7. Me encanta este artista. Su talento es enorme. *(por)*

8. Tengo mucha hambre. Hoy no he desayunado. *(como)*

9. Se separaron. Ya no lo quería. *(porque)*

Aciertos: ………. de 8

7. Subraye la conjunción adecuada.

1. Se notaba que eran hermanas gemelas *por / porque* su parecido.
2. *A causa de / Como* le gustaba la montaña, iba a esquiar siempre que podía.
3. No quiso pedir perdón *por / porque* orgulloso.
4. *Ya que / Porque* estoy aquí, dame un beso.
5. Este político tiene muchos seguidores *puesto que / por* su carisma.
6. La calidad del aire no es buena, *puesto que / por* las industrias siguen contaminando.
7. Este país tiene muchos ingresos *por / ya que* ser muy turístico.
8. *A causa de / Como* le faltó el respeto a un compañero, lo despidieron *puesto que / por* maleducado.

Aciertos: ………. de 8

LAS ORACIONES CAUSALES — 3

8. Intente encontrar respuestas lógicas para estas preguntas.

1. ¿Por qué se duerme la siesta en algunos países?
   Porque hace demasiado calor para trabajar en las primeras horas de la tarde.
   Como es una costumbre antigua, todavía se sigue haciendo.
   Porque en esos países la gente se acuesta tarde y luego tiene sueño de día.

2. ¿Por qué las mujeres llevan falda y los hombres no?

3. ¿Por qué fuma la gente?

4. ¿Por qué hay guerras y hambre en el mundo?

5. ¿Por qué hay que ir a la escuela a aprender?

6. ¿Por qué compramos lo que anuncian en la tele?

7. ¿Por qué le gusta la primavera a casi todo el mundo?

8. ¿Por qué canta y baila la gente?

Aciertos: ……… de 7

TEMA 3   TOTAL aciertos: ……… de 71

Tema 4

LOS INDEFINIDOS Y CUANTITATIVOS

Los indefinidos y cuantitativos	
Invariables	Variables (personas y cosas)
(Para personas) Alguien / nadie	Algún(-o), -a, -os, -as Ningún(-o), -a, -os, -as Uno, -a, -os, -as
(Para cosas) Algo / nada	Demasiado, -a, -os, -as Bastante, -es Mucho, -a, -os, -as
(Para personas y cosas) Cada	Todo, -a, -os, -as Poco, -a, -os, -as Cualquier(-a) Varios, as

Uso

Alguien / nadie / algo / nada

1 Son invariables. Funcionan como pronombres:
- ¿*Alguien* quiere decir *algo*?
- No, *nadie* quiere decir *nada*.

Alguno, -a, -os, -as / ninguno, -a, -os, -as / uno, -a, -os, -as

1 Suelen funcionar como adjetivos o como pronombres:
- ¿Has visto *alguna vez* un huracán?
- Buenos días, ¿tienen habitaciones libres?
- Sí, creo que nos queda *alguna*.

2 *Alguno* y *ninguno* pierden la -o delante de un nombre masculino singular:
- ¿Tenéis *algún* problema?
- No, *ninguno*. = No, no tenemos ningún problema.

3 Los plurales *ningunos - ningunas* se utilizan muy poco, únicamente delante de sustantivos que solo poseen número plural:
- Yo no he visto *ningunos pantalones* tuyos en mi armario.

Todo, -a, -os, -as / mucho, -a, -os, -as / poco, -a, -os, -as / varios, -as / demasiado, -a, -os, -as / bastante, -es

1 Son cuantitativos propiamente dichos. Pueden funcionar como adjetivos, pronombres o adverbios y, según su papel, serán variables o invariables.
- ¿Tú crees que hay *bastantes sillas* para todos?
- Yo creo que sí. Antonio ha traído *muchas*.
- Vamos a dejar esto, por hoy ya hemos trabajado *bastante*.

Cualquier(-a)

1 Puede ser pronombre o adjetivo. Cuando es adjetivo se usa delante de un nombre, masculino o femenino.
- *Cualquiera* pensaría que no te interesa la conferencia.
- ¿Qué te gustaría comer?
- Me da igual, *cualquier plato*, *cualquier cosa* estará bien.

Cada

1 Se usa delante de un nombre singular:
- Álvaro se levanta a las once *cada día*.

2 Indica periodicidad delante de un adjetivo numeral + nombre plural:
- Inés tiene que tomar el antibiótico *cada ocho horas*.

Ejercicios

1. Transforme las frases con *cada* + una de las expresiones.

> cuatro años   cuarto de hora   quince días
> dos o tres años   momento   seis horas

1. • ¿Esta revista es mensual?
   • *No, es quincenal, me la mandan cada quince días.*
2. Jorge tiene anginas y el médico le ha dicho que se tome un antibiótico _____
3. En mi país se celebran elecciones generales _____
4. • ¡Vaya!, hemos perdido el tren.
   • No te preocupes, pasa uno _____
5. No voy a terminar nunca este trabajo si me interrumpís a _____
6. • ¿Viajas mucho al extranjero?
   • Bueno, no mucho, suelo hacer un viajecito _____

Aciertos: ……… de 5

2. Complete con *todo, -a, -os, -as* / *cada* / *cualquier, -a*.

1. ¿Te acordarás de tomar la medicina *cada* cuatro horas?
2. • ¿Qué me pongo para salir hoy?
   • Lo que quieras, con _____ cosa irás bien.
3. En español hay un refrán que dice: «De noche, _____ los gatos son pardos», y otro que dice: «_____ oveja, con su pareja».
4. Si no me crees, pregunta a _____ de los que estuvieron allí y te lo contarán.
5. A Julia le pasan dinero sus padres _____ los meses.
6. ¡Qué pesada! Se pasa _____ el día preguntándome lo mismo.
7. _____ sabe dónde se han metido ahora los niños.
8. No sabemos dónde ir de vacaciones. _____ los sitios están llenos.
9. Ya no sé qué pensar de este chico. _____ vez que le pregunto por sus padres me cuenta una historia diferente.
10. Mi mujer está muy harta de ese trabajo. _____ día lo deja.
11. Chico, ¿qué te pasa? _____ diría que te hemos hecho algo malo.
12. ¿Cómo vas a encontrar tus cosas, si las dejas en _____ sitio?
13. Yo creo que es mejor que _____ uno haga su parte del trabajo, ¿no?
14. Necesito un bolígrafo, tráeme uno _____
15. Si necesitas algo, llámame a _____ hora, ¿vale?
16. ¿Te has dado cuenta de que llevas un calcetín de _____ color?
17. Cuantos más seamos, menos nos esforzaremos _____ uno.
18. Eso es muy fácil, lo hace _____
19. El jefe no ha aparecido por aquí en _____ el día.
20. Cuando se trata de un trasplante, _____ minuto es vital para el enfermo.

Aciertos: ……… de 20

LOS INDEFINIDOS Y CUANTITATIVOS — 4

3. Elija un elemento de cada recuadro para completar estas frases.

> demasiado/-a/-os/-as   bastante/-es   poco/-a   cualquier   mucho/-os
>
> lejos   gente   contaminación   persona   universidades   buenas
> bebidas   probable   kilómetros   camas   ruido   antiguo   sillas

1. No pudimos entrar al concierto porque había *demasiada gente*.
2. Es mejor que toméis un taxi desde la estación del tren hasta aquí, porque está _____ para venir andando.
3. Creo que ella podrá entrar en la universidad, porque sus notas son _____.
4. Ve a buscar más, no hay _____ para todos los que han venido.
5. Por favor, no traigas más zumos, ya hay _____.
6. Todos los participantes acabaron agotados, porque habían corrido _____.
7. • ¿Tú crees que México será campeón de fútbol?
   • Sí, es _____.
8. No me gusta nada este sitio para descansar, hay _____.
9. Si queréis, podéis venir a dormir a nuestra casa, tenemos _____ para todos.
10. No me gusta nada este hotel, es _____.
11. Mira qué limpio está el cielo, ahora hay _____.
12. Siempre tienes la puerta abierta, _____ puede entrar en tu casa.
13. En España hay _____ buenas _____.

Aciertos: .... de 13

4. Complete las frases con *nada / nadie / algo / alguien / algún, -o, -a, -os, -as / ningún, -o, -a, -os, -as / uno, -a, -os, -as*.

1. ¿Has tomado *algo* para desayunar?
2. Aunque el accidente fue grave, no hubo _____ herido.
3. Volvió a su pueblo después de diez años y vio que no había cambiado _____
4. • Estoy seguro de que _____ de vosotros ha hablado.
   • Te equivocas, _____ de nosotros ha dicho una palabra de lo que nos contaste.
5. Salí a comprarle _____ a Nieves, pero no encontré _____ que me convenciera.
6. ¿Había _____ para mí en el buzón?
7. ¿_____ tiene _____ que declarar?
8. ¿Ha preguntado _____ por mí?
9. • ¿Tú no tenías varias linternas?
   • Sí, pero hoy no he traído _____
10. No quiero ver a _____ en este patio.
11. Me he olvidado los calcetines y en este cajón tienes muchos, ¿me prestas _____?
12. La policía preguntó a _____ gente qué había allí, pero _____ supo contestarle.
13. Voy a comprar, ¿quieres que te traiga _____ cosa?
14. • ¿Tienes monedas sueltas?
    • Sí, creo que me quedan _____ en el monedero.

LOS INDEFINIDOS Y CUANTITATIVOS — 4

15. De todos los presentes, solo _____ habían sido invitados.
16. • ¿Le queda _____ fascículo de la colección de pintura?
    • No, lo siento, no me queda _____.
17. _____ de los presentes en el congreso venían de muy lejos.
18. Se me acaban de romper las medias, ¿tienes _____ de más?
19. ¿_____ de los presentes quiere hacer _____ pregunta?
20. ¿Has aprendido _____ útil en el cursillo de cocina?
21. Yo creo que aquí no hay _____ niño con varicela.
22. • ¿Hay _____ novedad?
    • No, _____.
23. He probado todas las llaves del llavero, pero _____ me sirve para abrir esta puerta.
24. No encuentro mi reloj por _____ parte. ¿_____ lo ha visto?
25. • ¿Qué disco pongo?
    • Da igual. _____ cualquiera.
26. • ¿Tienes cigarrillos?
    • Sí, creo que me quedan _____.

Aciertos: ……… de 33

5. Escriba lo contrario.

1. *Todo el mundo está contento con su suerte.*
   Nadie está contento con su suerte.
2. Todos los alumnos entendieron la explicación.
   _____
3. Todos los chicos votaron que no.
   _____
4. Toda la gente del pueblo sabía que los niños se escondían en las cuevas.
   _____
5. Nadie estaba dispuesto a declarar en contra del acusado.
   _____
6. No vino nadie a la inauguración de la Feria del Libro.
   _____
7. Todas las mesas estaban ocupadas.
   _____
8. Todas las jugadoras esperaban ganar el partido.
   _____
9. Nadie quería contestar a las preguntas del inspector.
   _____

Aciertos: ……… de 8

TEMA 4   TOTAL aciertos: ……… de 79

Tema 5

LAS ORACIONES FINALES

Los ministros de Agricultura de la U.E. se han reunido en Bruselas con el fin de debatir el asunto de la pesca.

La llamé para que me dijera si había recibido mi solicitud.

Ten cuidadito, que no se te caiga.

¿Para qué llamó por teléfono a la Sra. García en la tarde del 7?

Las oraciones finales	
Para, con el objeto de, con el fin de, con la intención de	+ infinitivo
Para que, con el objeto de que, con el fin de que, con la intención de que	+ subjuntivo
¿Para qué, con qué fin, con qué intención...?	+ indicativo

Uso

Para, con el objeto de, con el fin de, con la intención de

1 En las oraciones finales, cuando el sujeto de los dos verbos es el mismo, se usa el infinitivo:

- *Paseo **para sentir** el aire fresco.*
  (yo)   (yo)
- *Ana va al gimnasio **con el fin de estar** en forma.*
  (ella)   (ella)

Para que, con el objeto de que, con el fin de que, con la intención de que

1 En las oraciones finales, cuando el sujeto es diferente, se usa el subjuntivo:

- *Ella se lo comentó a sus hermanas **para que** lo **supieran**.*
  (ella)   (ellas)
- *Víctor ha hecho todo eso **con la intención de que** sus padres lo **perdonen**.*
  (él)   (ellos)

Que

1 Las oraciones finales introducidas por *que* van con subjuntivo.
Son muy coloquiales y en la principal suele haber un imperativo:

- *Silvia, **ven que te dé** la merienda.*

La concordancia de tiempos

1 Si el verbo de la principal va en presente o pret. perfecto compuesto, el verbo de la subordinada irá en presente de subjuntivo:

- *Ha llamado **para que** le **des** tu número de teléfono.*

2 Si el verbo de la principal va en pasado (pret. imperfecto, pret. perfecto simple o pluscuamperfecto), el verbo de la subordinada irá en pret. imperfecto de subjuntivo:

- *Volvió a la tienda **para que** le **cambiaran** la cámara de fotos, pero no se la cambiaron.*

¿Para qué...?

1 En las oraciones interrogativas se usa el indicativo:

- *¿**Para qué** utilizas este producto de limpieza?*
- *¿**Con qué intención** se lo **contaste** a tu compañero?*

LAS ORACIONES FINALES 5

1. Complete las frases con uno de los verbos.

> fuéramos   haya   abandonar   preguntar   han construido
> dé   pedir   volviera   haga   solicitar

1. Tenemos que llamar a un carpintero para que nos *haga* una estantería en el pasillo.
2. Se dirigieron a la embajada con el fin de _____ asilo político.
3. El padre de Eugenia la convenció para que _____ a estudiar.
4. Fueron a ver a un abogado con el objeto de _____ consejo sobre la separación de bienes.
5. Pili, sal que te _____ el aire.
6. • ¿Para qué ha llamado Julián?
   • Para _____ por mi padre.
7. ¿Con qué fin _____ ese muro?
8. Para que no _____ más problemas, lo mejor es vender la casa.
9. A las doce nos llamó Óscar para que _____ con él a tomar algo.
10. Necesitaba un pasaporte para _____ el país legalmente.

Aciertos: .... de 9

2. Complete las frases con el verbo en la forma adecuada del indicativo o subjuntivo o bien en infinitivo. Añada la conjunción *que* donde sea necesario.

1. Los ministros se han reunido con el fin de *estudiar* las medidas oportunas para *fomentar* el empleo. (estudiar, fomentar)
2. Preguntó al profesor para _____ le _____ la solución. (dar)
3. Le prometimos _____ su secreto a nadie. (no contar)
4. Se fue con el firme propósito de no _____. (volver)
5. Ten cuidado, que no se te _____ el agua del vaso. (caer)
6. Espero que me llames para _____ cómo te va. (saber)
7. Tienes que comer para _____. (crecer)
8. Hay que llamar al médico con el fin de _____ la muerte. (certificar)
9. Pararon para que el chófer _____ gasolina y _____ el motor del jeep. (poner, revisar)
10. Hay quien vive solo para _____. (trabajar)
11. Me asomé a la ventana y le hice una señal para _____. (acercarse, ella)
12. Hay que darle tiempo para _____ a la idea. (acostumbrarse, él)
13. Para que el dinero me _____ me alojé en una casa particular. (durar)
14. Sus padres la enviaron a EEUU con el fin de _____ una carrera científica. (estudiar)
15. Abrí la puerta del jardín para _____ entrar los invitados. (poder)
16. • ¿Para qué te _____ tres libros del mismo autor? (comprar)
    • Para _____ le uno a mi hermana y otro a Javi. (regalar)
17. ¿Con qué fin _____ el depósito del agua? (vaciar, ellos)

LAS ORACIONES FINALES — 5

18. La mujer cogió de la mano al niño para que no _____ por la tienda. *(corretear)*
19. Te llamo para _____ lo que sabes del asunto. *(explicar a mí)*
20. Silencio, aquí hemos venido a _____, no a _____ de tonterías. *(trabajar, hablar)*

Aciertos: ……… de 23

3. Forme una frase compuesta con estas dos frases. Utilice el conector entre paréntesis e introduzca los cambios necesarios.

1. Ella tiene el teléfono en silencio. No molestarle nadie. *(para que)*
   Ella tiene el teléfono en silencio para que nadie la moleste.
2. Dale dinero a Irene. Tiene que hacer la compra. *(para)*
3. Carolina toma un jarabe. Quiere dejar de toser. *(con la intención de)*
4. He llamado por teléfono. Quería informarme del horario de trenes. *(para)*
5. Le llamó la atención al niño. Tenía que callarse. *(con el fin de que)*
6. Mucha gente pasa las vacaciones en balnearios. Quieren descansar y recuperar la salud. *(con el fin de)*
7. Irá a trabajar en patinete. No quiere contaminar. *(con el objeto de)*
8. Toma esta foto. No quiero que te olvides de mí. *(para que)*
9. Baja la voz. Es mejor que no nos oigan. *(que)*
10. Fue al médico. El médico le dijo lo que le pasaba. *(para que)*
11. Te mandó un vídeo divertido. Ibas a reírte. *(para que)*
12. He comprado chocolate. Quiero hacer una tarta. *(para)*

Aciertos: ……… de 11

Tema 6

LAS ORACIONES DE RELATIVO

Ya sabéis, quien necesite más hojas que las pida.

Nos gustaría comprar una casita de campo que tuviera jardín.

Ayer conocimos a unos que venían a recorrer España en un mes.

Venga, hombre, déjalo ya. Mira que «el que mucho abarca poco aprieta».

En un lugar de la Mancha de cuyo nombre no quiero acordarme...

Las oraciones de relativo		
(Antecedente) + (preposición) +	que el/la/los/las que quien/-es el/la/lo cual los/las cuales cuyo/-a/-os/-as donde	indicativo / subjuntivo

Uso

Que y otros conectores relativos

1 Las oraciones adjetivas de relativo están introducidas siempre por un conector relativo: *que, quien/-es, donde, cuando, el/la/lo cual, los/las cuales*. *Que* es el más usado, ya que puede referirse a antecedente de persona y de cosa, singular y plural:
- *Las mujeres **que acaban de llegar** son suecas.*
- *El libro **que compré** ayer está en la estantería.*

2 Cuando el antecedente (la persona, cosa o lugar al que se refiere el pronombre) es de persona, se puede usar *quien/-es* o *el/la/los/las que*, pero *quien* se usa en contextos un poco más formales, o en lengua escrita:
- *Es la mujer **con la que** vivo.*
- *Yo no soy **quien** está en posesión de la verdad.*

3 Las formas *el/la/lo cual, los/las cuales* se usan generalmente muy poco y siempre en contextos muy formales. Es obligatorio utilizarlas cuando van precedidas de una preposición bisílaba o una locución prepositiva:
- *Este es el árbol **debajo del cual** se ha hallado el tesoro.*

4 Si es necesaria una preposición, esta va siempre delante del pronombre relativo:
- *Hoy he vuelto a ver a los chicos **con los que** hablé ayer.*

Indicativo / subjuntivo

El verbo de la oración de relativo va en:

1 Indicativo
Cuando se dice del antecedente algo seguro, constatado:
- *Los **que están aquí son** socios.*

2 Subjuntivo
Cuando se dice del antecedente algo no bien definido o constatado:
- *Necesitan **gente que sepa** manejar Excel.*

Cuando negamos la existencia del antecedente o decimos que es escaso:
- *Hay **pocas personas que hagan** la paella como Rafael.*

Concordancia de tiempos verbales

1 Cuando el verbo de la oración principal está en pasado, el verbo de la oración de relativo, si requiere subjuntivo, irá en pret. imperfecto o pluscuamperfecto:
- *En el pueblo no encontraron **a nadie que hubiera visto** a los que buscaban.*

Cuyo/-a/-os/-as

1 Es un pronombre-adjetivo relativo apenas usado y solo en contextos muy formales. Equivale a *del cual / quien*, y concuerda en género y número con el nombre al que acompaña:
- *Habla **la profesora Ramírez, cuyas ideas** todos conocen.*

Lo

1 Cuando el antecedente no se refiere a una cosa identificable, sino a una situación o idea, se utiliza el artículo neutro *lo*:
- *¿Qué es **lo que** me **querías** decir?*

LAS ORACIONES DE RELATIVO — 6

1. Subraye la forma adecuada.

1. Ellos se encontraron con un pastor que les *enseñó* / enseñe a tocar la flauta.
2. Vivíamos en una casa que en otros tiempos *había pertenecido* / perteneciese a los Domínguez.
3. Me gustaría ir de vacaciones a un país que no es / *fuera* muy turístico.
4. Él fue quien los *guio* / guiaría hasta el refugio.
5. No me gusta nada el abrigo que se *ha comprado* / haya comprado Anabel.
6. Tú haz exactamente lo que te *ha dicho* / dijera el médico esta mañana.
7. ¿Conoces algún bar donde ponen / *pongan* buenas tapas?
8. Lo siento, no tengo ningún libro que habla / *hable* de acupuntura.
9. Necesitamos un albañil que trabaja / *trabaje* bien y no cobra / *cobre* demasiado.
10. Era la primera vez que yo *veía* / haya visto el mar.
11. Yo no vi al hombre que *robó* / robara la cartera.
12. Quien quiere / *quiera* hablar que levante la mano.
13. Haz lo que tú quieres / *quieras*, yo me voy.
14. ¿Hay alguien que sabe / *sepa* dónde está Laura?
15. Los que *tienen* / tengan hijos están más preocupados por el futuro.
16. El que *necesita* / necesite algo que lo diga.
17. Aquí, el que *quiere* / quiera algo, lo pide y ya está.
18. Hacen falta especialistas que enseñan / *enseñen* a la gente a vivir ecológicamente.
19. No fue fácil encontrar a alguien que reunía / *reuniera* todas las condiciones.
20. Toma esto y ponlo donde no pueden / *puedan* alcanzarlo los niños.

Aciertos: .... de 20

2. Reescriba estas oraciones de relativo de otra manera, como en el modelo.

1. En verano nos alojamos en un hotel que era muy caro.
   El hotel en el que nos alojamos en verano era muy caro.
2. Pasamos por unos pueblos que eran preciosos.
   _____
3. Te llamé desde una playa que estaba completamente vacía.
   _____
4. Yo fui de joven a una escuela de *ballet* que ya no existe.
   _____
5. Volvimos en un avión que pertenecía a una compañía alemana.
   _____
6. Ayer te hablé de un chico en la biblioteca.
   _____
7. Trabajo para una empresa que fabrica electrodomésticos.
   _____
8. Juana está hablando con un hombre que es actor.
   _____
9. Fui a ver a un médico que ha estudiado acupuntura en Beijing.
   _____

Aciertos: .... de 8

Ejercicios

3. Complete las frases con una preposición y un relativo de cada recuadro. Algunas veces hay más de una posibilidad.

con / a / en / de / por

quien / el / la / los / las que / donde

1. Rosa, *a quien / a la que* yo adoraba, iba sentada a mi lado.
2. Allí conocieron a alguien _____ también le impresionaba mucho la belleza del paisaje.
3. Aquel fue el año _____ nació mi hermano Rafael.
4. Teresa es la chica _____ te hablé la semana pasada.
5. El lugar _____ nos encontrábamos parecía moverse.
6. La vieja escuela, _____ habían pasado varias generaciones, seguía funcionando.
7. Al desandar los mismos pasillos _____ acababa de pasar, sintió miedo.
8. Todas las personas _____ tenía relaciones comerciales habían recibido cartas de las autoridades _____ les solicitaban información.
9. La tarde _____ nos encontramos por casualidad quise invitarla.
10. Escribió una carta _____ explicaba las razones de su dimisión.
11. La Academia de Ciencias _____ trabajaba era una institución prestigiosa.
12. Algunos amigos, _____ había estudiado, eludieron el compromiso.
13. La razón _____ no te llamé es que no tenía tu teléfono.
14. El periodista _____ hablamos nos hizo muchas preguntas indiscretas.
15. La policía, _____ llamé, no me hizo mucho caso.

Aciertos: ……… **de 15**

4. Complete las frases con el verbo en la forma correcta del subjuntivo.

1. *No hay ninguna universidad que te acepte con esa nota media.*
2. No conozco a nadie que _____ como él. *(bailar)*
3. No tenía a nadie que le _____ en casa. *(ayudar)*
4. Hay pocos que _____ tanto como él sobre ese tema. *(saber)*
5. No hay muchos que _____ dispuestos a hacer ese trabajo. *(estar)*
6. Había poca gente que _____ qué estaba pasando. *(saber)*
7. Nunca he visto una tienda que _____ tan bonita como esta. *(ser)*
8. Aquí no hay nadie que _____ flamenco. *(bailar)*
9. En realidad, no hay nada que vosotros _____ hacer. *(poder)*
10. Quien no _____ de acuerdo que lo diga. *(estar)*
11. Salí a comprar, pero no vi nada que me _____ . *(gustar)*
12. ¿Conoces a alguien que _____ un sofá? Quiero regalar el mío. *(necesitar)*

Aciertos: ……… **de 11**

LAS ORACIONES DE RELATIVO 6

5. Complete las frases con *el / la / los / las / lo que*.

1. *Lo que* ha ocurrido esta mañana no me sorprende.
2. La policía todavía no ha detenido a _____ robaron el cuadro.
3. Recuerda siempre _____ te he dicho, hija mía.
4. _____ me preocupa es tu hermana, no tú.
5. _____ me preocupa es qué pasará cuando nos quedemos sin trabajo.
6. _____ van detrás del todo son Victoria y Natalia.
7. _____ no esté de acuerdo que proteste.
8. _____ tienes que hacer es llamarle ya.
9. _____ vemos en la tele es, casi siempre, ficción.
10. _____ sepan francés que lo lean en versión original.
11. A _____ tienes que llamar es a María Luisa.
12. _____ pasaban por allí se quedaban mirando asombrados.
13. _____ pasa es que hay demasiada demanda.
14. Yo _____ quería era ser actor.

Aciertos: .... de 13

6. Escriba el verbo en el tiempo adecuado de indicativo o subjuntivo.

1. La que *lleva* el vestido rojo es Carmen. *(llevar)*
2. Tú solo debes dejar entrar a los que _____ socios. *(ser)*
3. El que _____ que salga. *(tener prisa)*
4. Los que _____ más tiempo que lo digan. *(necesitar)*
5. Los pocos turistas que _____ hasta allí se iban sin ver nada. *(llegar)*
6. Si vas a ese pueblo, no te creas nada de lo que allí te _____ *(decir)*
7. Los que _____ a la excursión contaron maravillas de lo que habían visto. *(ir)*
8. Estaban esperando a la doctora que _____ a su madre el lunes anterior. *(operar)*
9. Están esperando a alguien que les _____ por qué se ha producido la avería. *(explicar)*
10. No debes creer nada de lo que normalmente _____ las revistas del corazón. *(decir)*
11. Me he comprado el libro que me _____ el tío Ramón. *(recomendar)*
12. Tenemos que visitar muchas viviendas, no vamos a comprar la primera casa que _____ *(ver)*
13. Yo voy a hacerlo, lo que _____ después la gente no es problema mío. *(decir)*
14. En esa empresa faltan técnicos que _____ mucha informática. *(saber)*
15. Las personas que _____ demasiado el móvil pueden volverse adictas. *(utilizar)*
16. Este es el coche del que te _____, pero tú elige el que más te _____ *(hablar, gustar)*

Aciertos: .... de 16

TEMA 6   TOTAL aciertos: .... de 83

Tema 7

LAS PREPOSICIONES

Las preposiciones					
a	para	por	de	en	con

El régimen preposicional

A: ir a, acostumbrarse a, dedicarse a, negarse a, etc.
Con: chocar con, comparar con, entrevistarse con, soñar con, etc.
De: asustarse de, adueñarse de, alejarse de, carecer de, escaparse de, fiarse de, enamorarse de, etc.
En: confiar en, convertirse en, empeñarse en, pensar en, etc.

Las locuciones preposicionales

perder de vista	sacar de quicio	hablar por los codos
estar para el arrastre	dormir a pierna suelta	llorar a lágrima viva
llover a cántaros	estar en las nubes	caer en desgracia	estar por las nubes

Uso

A

1 Se usa la preposición *a* delante del objeto indirecto y del objeto directo cuando se refiere a personas concretas y determinadas:

- *Dale estos libros **a la bibliotecaria**.* (OI)
- *Esta mañana he visto **a mi jefe** en el autobús.* (OD)
- *¿Has visto **al jardinero**?* (OD)

2 Su uso es opcional cuando el objeto directo se refiere a animales. En general, se usa con verbos que indican actividades propias de seres animados, como *alimentar, pasear, querer, saludar*, etc.

- *¿Estás criando **(a) diez perros** a la vez?*

Para

1 Se usa para expresar finalidad, dirección o lugar al que se dirige alguien o algo, así como tiempo:

- *Estas gafas son **para ver** de cerca.*
- *Este tren no va **para Granada**.*
- *¿**Para cuándo** tendrán las fotografías?*
- ***Para dentro de** una hora.*

2 Se usa seguida de un nombre propio de persona o pronombre personal y equivale a «en mi / tu / su opinión»:

- ***Para él**, todo el mundo es bueno.*

Por

1 Se usa para expresar principalmente causa, medio para un fin, lugar, precio:

- *No hace más deporte **por pereza**.*
- *Mándame el informe **por correo electrónico**.*
- ***Por aquí** no llegará a ningún sitio.*
- *Ha conseguido un cuadro de Barceló **por 900.000 euros**.*

2 Se usa en las oraciones pasivas para introducir al agente:

- *La obra ha sido muy bien acogida **por la crítica**.*

3 Se usa seguida de un nombre propio de persona o pronombre personal, para expresar indiferencia:

- ***Por mí**, podéis quedaros aquí trabajando hasta mañana, yo me voy.* (=A mí me da igual si os quedáis o no).

Ejercicios

1. Complete las frases con la preposición *a* (o *al*) solo si es necesario.

1. ¿Le has pagado ya el alquiler *al* propietario?
2. Por más que buscamos, no vimos _____ la ardilla por ningún lado.
3. No veas _____ la televisión desde tan cerca.
4. El sábado pasado, un perro mordió _____ mi hijo.
5. ¿Desde cuándo no has visto _____ Elena?
6. El vecino no le abre la puerta _____ cartero.
7. Tenemos que reunir _____ todos los propietarios de la comunidad.
8. Estoy buscando _____ un electricista que me cambie la instalación eléctrica.
9. ¿Estás buscando _____ la guía telefónica?
10. Beatriz tiene _____ tres hijos.
11. ¿Conoces _____ mi amiga Lucía?
12. ¿Conoces _____ alguna ciudad española?
13. ¿Has encontrado _____ el mueble que buscabas?
14. Luis, ¡escucha _____ el concierto, no hables!
15. ¿_____ quién esperas?
16. ¿_____ quién has visto?
17. ¿Has llamado _____ alguien?
18. ¿Para qué necesitas _____ un pintor?
19. Mamá, mira _____ Pedrito, no me deja estudiar.
20. ¿Has oído _____ la radio?, ha habido una explosión aquí cerca.
21. El otro día encontré _____ un gatito abandonado y me lo llevé a casa.
22. Hoy el fiscal ha interrogado _____ los tres testigos de la defensa.
23. Irene, ¿no has oído _____ tu madre? ¡Deja eso y ponte a trabajar!

Aciertos: ………. de 22

2. Complete las frases con una de estas preposiciones: *en / de / a / con*.

1. Aunque te empeñes *en* que venga, no vendrá.
2. ¿Todavía no te has convencido _____ que es mejor no discutir?
3. ¿Cuándo vas _____ cambiarte _____ piso?
4. El ladrón se escapó _____ la cárcel con la ayuda _____ un funcionario.
5. Pues sí, ahora me relaciono _____ gente importante.
6. El ministro de Asuntos Exteriores se entrevistó _____ su homólogo francés.
7. ¡Tú ocúpate _____ tus asuntos y déjame _____ paz!
8. _____ las lluvias, los almacenes se llenaron _____ agua.
9. Aunque ya está bien, todavía no se atreve _____ salir _____ la calle.
10. La acusada se negó _____ contestar.
11. Aspira _____ convertirse _____ el campeón _____ España _____ atletismo.
12. Fuimos _____ felicitar _____ Cristina por su brillante actuación.
13. Esa mansión pertenece _____ una _____ las mujeres más ricas _____ país.
14. No tenemos que compararnos _____ los demás.

LAS PREPOSICIONES 7

15. No puedes comparar este restaurante _____ el otro.
16. El coche se salió _____ la carretera y chocó _____ un árbol.
17. Lo mejor es romper _____ el pasado y empezar _____ nuevo.
18. No te asustes _____ el perro, no hace nada.
19. Es mejor que te alejes _____ él.
20. Uno _____ los socios se adueñó _____ toda la empresa _____ poco tiempo.
21. Mi mujer se ocupa _____ las cuentas _____ toda la comunidad.
22. Están muy mal, carecen _____ lo más elemental.
23. Sueña _____ convertirse _____ una gran escritora.
24. ¿Es que no confías _____ mí?
25. Fernando se ha unido _____ un grupo de músicos.
26. No se acostumbra _____ vivir solo.
27. ¿Quién cuida _____ tu bebé?
28. ¿No te fías _____ mí?
29. Sus hijos también se dedican _____ el cante.

Aciertos: .... de 45

3. Elija la preposición correcta.

1. Este jarabe es muy bueno por / *para* la tos.
2. Ven por / para acá.
3. Te he dicho mil veces que atravieses la calle por / para el paso de peatones.
4. Margarita y José Luis están preocupados por / para los gastos de la casa.
5. Se han comprado una casa en el pueblo por / para poco dinero.
6. He quedado con ella por / para ver muebles.
7. Vino por / para estar una semana y se quedó un mes.
8. Necesito una habitación por / para tres personas.
9. Es un orgulloso, nos mira a todos por / para encima del hombro.
10. No lo hago por / para dinero, sino por / para amor al arte.
11. Murieron por / para defender sus ideas.
12. No te preocupes, lo tendré preparado por / para mañana.
13. Mi padre era muy apreciado por / para sus compañeros de trabajo.
14. Esta niña es muy alta por / para la edad que tiene, ¿no?
15. Por / Para ser sinceros, te diré que me parece fatal lo que ha hecho.
16. Cuando llegamos al apartamento, estaban todas sus cosas por / para el suelo.
17. ¡Qué barato! Nos han cobrado poco por / para estas dos cervezas.
18. Vale, iré a hablar con él. Que conste que lo hago por / para ti.
19. Toma, esto es por / para ti.
20. Por / Para mí, puedes hacer lo que quieras.
21. Por / Para mí, que no quieren venir porque están enfadados.
22. Adiós, y gracias por / para todo.
23. Por / Para una vez que vienes a mi casa, podrías quedarte más rato.
24. Por / Para última vez te lo digo: ven aquí.
25. Esta crema es mejor por / para su piel.
26. He oído por / para la radio que va a subir otra vez la gasolina.

27. No me lo mandes *por / para* correo, mándamelo *por / para* WhatsApp.
28. No hemos podido salir *por / para* la avería del coche.
29. No mires *por / para* allá, mira *por / para* acá.

Aciertos: .... de 31

4. Complete las frases con estas expresiones.

> a cántaros   de quicio   para el arrastre   por los codos   de vista
> a pierna suelta   en las nubes   en desgracia   a lágrima viva

1. *Estoy harta de ti, no sabes las ganas que tengo de perderte de vista.*
2. No pudieron salir a buscar a los marineros porque estaba lloviendo _____.
3. No sé qué me pasa con este niño, pero continuamente me pone nervioso y me saca _____.
4. ¿Que Julia es tímida? ¡Qué va!, cuando la conozcas, verás que habla _____.
5. Sí, este profesor es muy despistado, está siempre _____.
6. Parece que el director general ha caído _____. Lo van a trasladar a una sucursal pequeña, con menos categoría.
7. Estoy cansadísima, no puedo más, estoy _____.
8. Es increíble, a pesar del jaleo que había, Sara se acostó y consiguió dormir _____.
9. Con este drama, toda la gente llora _____.

Aciertos: .... de 8

5. Complete las frases con la preposición más adecuada.

1. *La niña contemplaba la lluvia por la ventanilla.*
2. ____ el trabajo, llamé ____ teléfono ____ la Cámara ____ Comercio y pregunté ____ la directora.
3. Encontraron ____ anciano ____ la cocina, frente ____ un televisor, ____ la camisa desabrochada.
4. ¿Tienes algún libro escrito ____ Miguel Delibes?
5. No se han marchado todavía de la fiesta ____ cumpleaños ____ los niños.
6. Ten paciencia, ya no tardaremos ____ llegar.
7. Todavía quedan varios pisos ____ vender.
8. La directora se reunió ____ los consejeros ____ estudiar la situación económica ____ la empresa.
9. Hizo todas las tareas ____ la casa ____ tres horas.
10. ¿ ____ qué sueñas?
11. Los traductores cobran ____ número de palabras.
12. • ¿ ____ qué aspiras?
    • ¿Yo?, pues ____ tener un trabajo interesante.

LAS PREPOSICIONES 7

13. Desde que salió ____ su casa ____ los 18 años, no ha vuelto ____ ver ____ sus padres.
14. Cambió la moto ____ un ordenador.
15. Renunció ____ un puesto ____ el extranjero ____ quedarse ____ su familia.
16. Se quedó ____ habla ____ causa ____ la sorpresa.
17. Aquí lo venden todo ____ 3 euros.
18. ____ la entrada ____ pueblo hay un monumento ____ la paz.
19. Yo hago ese trayecto ____ 10 minutos.
20. Lo siento ____ ti, pero no podré dejarte mi coche.
21. ¿____ cuantos kilómetros está Madrid ____ Sevilla?
22. Ellos vivían ____ pocos kilómetros del centro.
23. No debes fiarte ____ lo que diga María.
24. El sueldo no me llega ni ____ mitad ____ mes.
25. Todos los días llega ____ su casa ____ madrugada.
26. Se fue ____ Córdoba, pero ____ los pocos meses volvió.
27. ____ toda la tripulación, solo se salvaron cinco marineros.
28. Vale, podemos pintarle el dormitorio mañana ____ la tarde.
29. ¿Conoces ____ chico aquel ____ los pantalones vaqueros?
30. El gato salió ____ debajo ____ la puerta.

Aciertos: .... de 57

6. Escriba las preposiciones.

1. Buenos días, ¿*en* qué puedo servirles?
2. ¿_____ dónde me llamas?
3. ¿_____ quién van a entrevistar esta noche en la televisión?
4. ¿_____ quién son estas flores?
5. ¿_____ cuánto tiempo te vas al extranjero?
6. ¿_____ cuándo me tendrán arreglado el ordenador?
7. ¿_____ cuánto has vendido al final la moto?
8. ¿_____ quién le ha pagado usted el recibo?
9. ¿_____ dónde se va a Pamplona?
10. ¿_____ quién se va a reunir?
11. ¿_____ cuántas personas es este plato?
12. ¿_____ quién está enfadado Nacho?
13. ¿_____ quién has chocado?
14. ¿_____ qué ministerio depende tu departamento?
15. ¿_____ qué partido político pertenece la presidenta?
16. ¿_____ quién saludabas?
17. ¿_____ quién te despedías?
18. ¿_____ quién le has pedido prestado el abrigo?
19. ¿_____ qué sirve esto?

Aciertos: .... de 18

TEMA 7   TOTAL aciertos: ....   de 181

Tema 8

LOS VERBOS DE CAMBIO

Venga, no te pongas nervioso, ya verás como no es nada.

Para pasar por esta puerta tienes que hacerte tan pequeña como yo.

¿Y cómo puedo hacerlo?

¿Quién es?

Mi madre se ha vuelto muy desconfiada, no se fía de nadie.

Ustedes se quedarán asombrados ante mi magia.

Los verbos de cambio	
Volverse / quedarse / ponerse	+ adjetivo
Hacerse / llegar a ser	+ adjetivo / nombre
Convertirse en	+ nombre

Uso

En español se puede expresar «cambio» con diferentes verbos:

Volverse

Indica una transformación profunda e involuntaria en el carácter o en la actitud. Suele ser un cambio a algo negativo.

- *Alfredo antes era muy simpático, pero de un tiempo a esta parte **se ha vuelto desagradable**.*

Quedarse

Indica un cambio permanente después de un hecho:

- *A consecuencia del accidente, Juan **se quedó ciego**.*

Ponerse

Indica un cambio en la salud o en el estado de ánimo más o menos momentáneo. Suele ser involuntario:

- *Federico, cada vez que se cruza con una chica que le gusta, **se pone rojo**.*

Hacerse

Indica un cambio de ideología, religión, profesión, etc., con participación activa del sujeto:

- *Después de un viaje a la India, **se hizo budista**.*

Llegar a ser

Indica un cambio a mejor, dentro de una escala que va de abajo hacia arriba:

- *Gerardo empezó de botones y **llegó a ser director** del hotel.*

Convertirse en

Indica una transformación un tanto radical. Se utiliza con sustantivos:

- *De la noche a la mañana, Andrea **se convirtió en una actriz** famosa en todo el mundo.*

Ejercicios

1. Escriba el verbo más adecuado.

> volverse   quedarse   **ponerse**   hacerse
> llegar a ser   convertir(se)

ponerse { nervioso/-a, contento/-a, enfermo/-a }

_____ { ministro/-a, catedrático/-a, una referencia }

_____ { viudo/-a, mudo/-a, solo/-a }

_____ { egoísta, desconfiado/-a, miedoso/-a }

_____ { rico/-a, católico/-a, soldado }

_____ { en oro, en vino, en el héroe / la heroína }

Aciertos: ………   de 5

2. Complete las frases con uno de los verbos anteriores en el tiempo adecuado.

1. Desde que le robaron, *se ha vuelto* muy desconfiado.
2. En invierno _____ de noche muy pronto.
3. Mi abuelo _____ millonario vendiendo zapatos.
4. Mis alumnos _____ muy contentos cuando les dije que no haríamos ningún examen.
5. Antes no era así, pero desde que tuvo aquel problema, _____ poco sociable.
6. Al final de la tarde, los niños _____ muy pesados y no hay quien los aguante.
7. Cuando le dieron la mala noticia, _____ sin palabras.
8. Su mayor deseo era que su hija _____ médica.
9. La mayoría de los hombres _____ calvos a los 40 años.
10. Tenía un perro que de viejo _____ muy miedoso.
11. Era creyente, pero _____ agnóstica en su madurez.
12. Esa profesora tiene muy buen carácter, aunque los niños griten, no _____ nerviosa nunca.
13. Fernando Castaño _____ famoso después de aquella película en la que trabajaba de galán.
14. Mis sobrinos _____ locos de contento cuando les dijimos que nos íbamos a la feria.
15. ¡Qué triste _____ este niño!

LOS VERBOS DE CAMBIO   8

16. Debido a su enfermedad, Álvaro no pudo _____ embajador de su país.
17. ¿Sabes? Carmen y yo _____ socios del club de golf, para poder jugar todos los fines de semana.
18. Si sigues mirando directamente al sol, _____ ciego.
19. Cuentan que todo lo que tocaba el rey Midas _____ en oro.
20. Pero, hombre, di algo. ¿Te _____ mudo?

Aciertos: .... de 19

3. Busque qué significan estas expresiones y piense una situación para cada una.

1. *Ponerse morado: comer muchísimo*
   Por ejemplo, en la celebración de un cumpleaños.
2. Ponerse blanco como la pared: _____
3. Quedarse en blanco: _____
4. Quedarse sin blanca: _____
5. Ponerse rojo: _____
6. Quedarse en los huesos: _____
7. Quedarse de piedra: _____
8. Hacerse el loco: _____
9. Volverse loco: _____
10. Ponerse loco: _____
11. Llegar a ser alguien en la vida: _____
12. Volverse cascarrabias: _____
13. Hacerse mayor: _____
14. Hacerse de noche _____

Aciertos: .... de 13

TEMA 8   TOTAL aciertos: .... de 37

Tema 9

EXPRESAR SENTIMIENTOS Y DESEOS

Los verbos de sentimiento, deseo y necesidad		
• Alegrarse (de) • Importar • Gustar • Necesitar • Querer • Esperar	}	+ infinitivo (mismo sujeto) + *que* + subjuntivo (distinto sujeto)

Los buenos deseos
¡*Que* + subjuntivo!

Uso

Las oraciones que dependen de verbos que expresan sentimientos, deseos y necesidades pueden llevar el verbo en infinitivo o subjuntivo:

Infinitivo

1 Cuando el sujeto (sea lógico o gramatical) de los dos verbos es el mismo:

- *Juan, ¿te importa traerme un vaso de agua?*
   (tú)   (tú)

- *Ellos no necesitan trabajar para vivir.*
   (ellos)   (ellos)

Subjuntivo

1 Cuando el sujeto de los dos verbos no es el mismo:

- *Quiero que hoy vuelvas pronto.*
  (yo)   (tú)

- *Esperaba que vinieras a buscarme.*
  (yo)   (tú)

Concordancia de tiempos verbales

1 Si la oración principal va en tiempo pasado o condicional, la oración subordinada irá en pret. imperfecto de subjuntivo:

- *A ella no le gustó que yo llegara tarde el sábado pasado.*
- *¿A ti te gustaría que tu mujer fuera famosa?*

Buenos deseos

1 Se utiliza *que* + subjuntivo en una frase exclamativa para desear a alguien un buen viaje, unas buenas vacaciones o que disfrute de una fiesta. *Que* no lleva nunca tilde, porque es una conjunción.

- *¡Que tengas buen viaje!*
- *¡Que lo pases bien!*
- *¡Que disfrutes!*
- *¡Que te vaya bien!*

Felicitar a alguien por su cumpleaños.
- *¡Felicidades! ¡Que cumplas muchos más!*

Desear a alguien enfermo una pronta recuperación.
- *¡Que te mejores!*

Desear a alguien suerte para un examen.
- *¡Que tengas suerte!*

Dar las buenas noches.
- *¡Que tengas felices sueños!*

Felicitar a alguien por su boda.
- *¡Enhorabuena! ¡Que seáis muy felices!*

Ejercicios

1. Complete las frases con estos elementos.

> Perdona   Quieres   Esperaba   Se alegró de
> No necesito   **Lamento mucho**   Le dolió mucho   Me he alegrado

1. *Lamento mucho* comunicarle que su solicitud no ha sido admitida.
2. _____ que no te haya llamado antes.
3. _____ que vinieras a mi fiesta.
4. ¿_____ estropearme la cena, o qué?
5. _____ tener que vender la casa.
6. _____ que la llamaras en Navidad.
7. _____ que me des consejos.
8. _____ de recibir tu carta.

Aciertos: ………   de 7

2. Transforme la frase como en el modelo.

1. Espero que no te olvides de mí.
   Esperaba que no te *olvidaras* de mí.
2. Necesito que me digan la verdad.
   _____
3. Desean que te mejores.
   _____
4. Ellos esperan que vayamos a verlos.
   _____
5. Necesitamos que nos den la respuesta cuanto antes.
   _____
6. Esperamos que nos aviséis si hay alguna novedad.
   _____
7. Ellos quieren que yo trabaje incluso sábados y domingos.
   _____
8. No necesito que tú me defiendas.
   _____
9. Quieren que vayamos de vacaciones con ellos.
   _____
10. Espero que me escribáis desde Tokio.
    _____

Aciertos: ………   de 9

EXPRESAR SENTIMIENTOS Y DESEOS 9

3. Subraye la forma adecuada.

1. Le molestó mucho que le *cuente / contara* a sus amigos lo de su separación.
2. Me fastidia *tenga / tener* que madrugar para esa tontería.
3. Me extraña que no *llegar / haya llegado* todavía.
4. No nos importaría que *vengan / vinieran* a vivir con nosotros.
5. Le fastidió bastante que no le *hicieron / hicieran* caso cuando se quejó.
6. ¿No te alegras de que te *ascienden / hayan ascendido*?
7. A la nueva alumna le encantaba *esquíe / esquiar*.
8. ¿No le gustaría *hiciera / hacer* un viajecito por todo el mundo?
9. No importa que *parezca / parecerían* tan segura, es solo una niña.
10. Me alegro de que *hayas conseguido / conseguir* esa beca.
11. Me dolió mucho que no me *hayas llamado / llamaras* cuando murió tu padre.
12. No le importaba que él no le *dijera / decir* la verdad casi nunca.
13. Ya sé que no te gusta que te *hablar / hable* de esto.

Aciertos: .... de 12

4. Escriba el verbo en la forma correcta.

1. ¿Te importa *dejarnos* solos un momento? *(dejar)*
2. De pequeños nos gustaba que el abuelo nos _____ cuentos. *(contar)*
3. A ese no le importaría _____ cualquier cosa con tal de ganar dinero. *(hacer)*
4. Me encantaría que me _____ un anillo parecido. *(regalar, ellos)*
5. A mi hermano pequeño le gustaría _____ marinero. *(ser)*
6. Ella le deseó que _____ un buen viaje y que se lo _____ muy bien en la playa. *(tener, pasar)*
7. Me alegro de que Gonzalo, el domingo pasado, no me _____ mi opinión. *(pedir)*
8. El comandante no quería _____ su brazo a torcer. *(dar)*
9. Os deseamos que _____ unas felices fiestas. *(pasar)*
10. No necesitamos que nos _____, sabemos ir solos. *(acompañar, tú)*
11. Me molestó enormemente que _____ tan antipático. *(ser)*
12. Nunca esperé _____ hasta donde he llegado. *(llegar)*
13. ¿Quieres que te _____ una cosa? Me encanta _____ te. *(decir, ver)*
14. ¿Qué quieres que yo _____? *(hacer)*
15. ¿Necesitas que te _____? *(ayudar)*
16. A Eva le extrañó _____ la en casa de sus amigos. *(encontrar)*
17. ¿Te apetece que _____ a dar una vuelta? *(salir, nosotros)*
18. A mí me extrañó que _____ en casa de sus padres. *(estar, ella)*
19. No nos gustó nada que _____ tan tarde a la reunión. *(llegar, vosotros)*
20. Quisiera que _____ que no estamos de acuerdo contigo. *(comprender, tú)*

Aciertos: .... de 21

5. Escriba alguno de estos verbos y el pronombre correspondiente en la oración principal. En cada caso hay varias respuestas posibles.

> querer **desear** gustar extrañarse molestar
> apetecer esperar necesitar alegrarse

1. *Te deseo que pases un feliz cumpleaños.*
2. _____ que salgas todas las noches.
3. _____ que me llamaras para ir al cine contigo.
4. _____ mucho de que hayas conseguido ese premio.
5. ¿_____ tomar algo?
6. _____ recibir tu mensaje desde Mallorca.
7. _____ que algunos conductores no tengan en cuenta al resto del mundo.
8. _____ que tengas suerte.
9. _____ que tratara a la gente tan mal.
10. _____ reconciliarse contigo.

Aciertos: .... de 9

6. Escriba la fórmula adecuada a cada una de estas situaciones. Puede haber varias.

1. *Unos amigos se van de viaje.* *Espero que tengáis un buen viaje.*
2. Usted llega tarde a una reunión. Pida disculpas y dé una justificación a su tardanza.
   _____
   _____
3. Ha ido a ver a un amigo enfermo. ¿Qué le dice al despedirse?
   _____
   _____
4. Alguien le dice que al día siguiente tiene un examen o una entrevista bastante importante. ¿Qué le desea usted?
   _____
   _____
5. La misma persona le comunica que ha aprobado el examen o que ha conseguido el trabajo.
   _____
   _____
6. Tiene unos vecinos muy ruidosos, que están celebrando una fiesta el domingo por la noche. Pídales educadamente que dejen de hacer ruido.
   _____
   _____
7. Es el cumpleaños de alguien. Además de desearle felicidad, ¿cómo le desearía una larga vida?
   _____
   _____

Aciertos: .... de 6

EXPRESAR SENTIMIENTOS Y DESEOS 9

7. Complete los siguientes correos para expresar deseos, disculpas, etc.

1.
Para: ………
Cc: ……………

Querido amigo:
¿Qué tal estás? Yo estoy bien. Me alegré mucho de _____ tu carta el verano pasado. Perdona que no te _____ antes, pero es que _____.
Eva

2.
Para: ………
Cc: ……………

Muy señores míos:
He visto un anuncio en su página web de unos cursos de masaje, que me interesan mucho. Les agradecería mucho que _____ toda la información posible: el precio, la duración, los horarios, etc.

3.
Para: ………
Cc: ……………

Querida Marta:
He recibido tu invitación de boda. Te agradezco mucho que _____, pero no voy a poder asistir, porque _____
Emilio

4.
Para: ………
Cc: ……………

Quisiera _____ una habitación en su hotel para la segunda quincena de julio.

5.
Para: ………
Cc: ……………

Sr. director:
Somos un grupo de vecinos que estamos soportando muchas molestias por vivir en un barrio que está de moda para salir por las noches. Por esto queremos quejarnos de varias cosas. Primero, estamos hartos de _____

Aciertos: ……… de 5

TEMA 9   TOTAL aciertos: ………   de 69

Tema 10

LAS ORACIONES CONDICIONALES

Las oraciones condicionales

Las oraciones condicionales con *si*	
Oración subordinada	Oración principal
• Presente de indicativo • Pret. imperfecto subjuntivo • Pret. pluscuamperfecto subjuntivo • Pret. pluscuamperfecto subjuntivo	Presente / futuro / imperativo Condicional Plusc. subjuntivo / condicional compuesto Condicional simple

Formación del pretérito pluscuamperfecto (subjuntivo)	Pretérito imperfecto de *haber* (subjuntivo) + Participio pasado

Pretérito imperfecto de *haber* (subjuntivo)		Participio pasado
(yo)	hubiera	
(tú)	hubieras	
(él/ella/usted)	hubiera	*hablado / bebido / escrito*
(nosotros/-as)	hubiéramos	
(vosotros/-as)	hubierais	
(ellos/ellas/ustedes)	hubieran	

Formación del condicional compuesto	Condicional simple de *haber* + Participio pasado

Condicional simple de *haber* (subjuntivo)		Participio pasado
(yo)	habría	
(tú)	habrías	
(él/ella/usted)	habría	*hablado / bebido / escrito*
(nosotros/-as)	habríamos	
(vosotros/-as)	habríais	
(ellos/ellas/ustedes)	habrían	

Uso

Si

Las oraciones condicionales introducidas por *si* expresan:

1 Condición posible de cumplir:

Si + presente, presente
- *Si **podemos**, **vamos** al cine.*

Si + presente, futuro
- *Si **vienes** a mi casa, **te invitaré** a café.*

Si + presente, imperativo
- *Si **tienes** tiempo, **ven** a mi casa.*

2 Condición poco probable o imposible:

Si + imperfecto de subjuntivo, condicional
- *Si **tuviera** tiempo, **iría** a tu casa.*

3 Condición que no se cumplió en el pasado:

Si + pluscuamperfecto de subjuntivo, pluscuamperfecto de subjuntivo / condicional compuesto
- *Si **hubiera tenido** tiempo, **hubiera ido** / **habría ido** a tu casa.*

4 Condición que no se cumplió en el pasado, con repercusión en el presente:

Si + pluscuamperfecto de subjuntivo, condicional simple
- *Si **hubiera ahorrado** lo suficiente, no **tendría** que pedir un préstamo.*

Las oraciones introducidas por cualquier otro nexo siempre van en subjuntivo.

A no ser que, en caso de que

1 No expresan una condición tan fuerte como *con tal de que, siempre que, siempre y cuando y como*:

- *Puedes venir el fin de semana con nosotros, **a no ser que** no **tengas** coche.*
- ***En caso de que** me **necesites**, llámame.*

Con tal de que, siempre que, siempre y cuando

1 Expresan que el cumplimiento de la condición es indispensable para que se realice la acción principal:

- ***Con tal de que hagas** tus deberes, te dejo salir con tus amigos.*
- *Puedes venir **siempre que quieras**.*
- *Te prestaré mi coche **siempre y cuando** me lo **devuelvas** antes del lunes.*

Como

1 Las oraciones que llevan *como* tienen un matiz de advertencia, amenaza:

- ***Como** no **vengas** a mi boda, me enfadaré contigo.*

LAS ORACIONES CONDICIONALES 10

1. Complete estas conjugaciones.

		Pretérito pluscuamperfecto subjuntivo	Condicional compuesto
1.	Tener	*hubieras tenido*	*habrías tenido*
2.	Escribir		
3.	Abrir		
4.	Venir		
5.	Saber		
6.	Estudiar		
7.	Leer		
8.	Dormir		
9.	Poner		

Aciertos: .... de 16

2. Relacione.

1. *Si lo hubiera sabido* ⟶ a. *no habría venido.*
2. Si hubieras visto la película — b. habría cogido el teléfono.
3. Si hubiera estado en casa — c. te habría contestado ya.
4. Si hubieras venido antes — d. te habría gustado.
5. Si hubiera tenido dinero — e. no habríamos perdido el tren.
6. Si hubiera recibido tu correo — f. habrías visto a Lolita.
7. Si hubiéramos salido antes — g. me lo hubiera comprado.

Aciertos: .... de 6

3. Responda a estas suposiciones.

¿Qué hubiera pasado si...

1. ... hubieras nacido en Filipinas?
   Si yo hubiera nacido en Filipinas, ahora hablaría su lengua.
2. ... tus padres hubieran sido millonarios?
   _____
3. ... hubieras nacido en el s. xv?
   _____
4. ... no hubieras conocido a tu pareja?
   _____
5. ... no hubieras empezado a estudiar español con tres años?
   _____
6. ... te hubieras convertido en una artista famosa?
   _____

Aciertos: .... de 5

4. Subraye la forma adecuada.

1. Si Carlos hubiera corrido, no perdería / *habría perdido* el autobús.
2. Si hubiera tenido tiempo, te *llamaría / habría llamado* por teléfono.
3. Yo hubiera ido a verlo también si *hubiera sabido / sabría* que era tan interesante.

4. No *estarías / hubieras estado* tan mal si hubieras ido al médico.
5. Si me *hubieras llamado / habrías llamado* por teléfono, hubiera ido a buscarte al aeropuerto.
6. Lo conozco muy bien, si él *fuera / sería* culpable, yo lo notaría.
7. Si *sabría / hubiera sabido* que aquí llovía tanto, me habría traído el paraguas.

Aciertos: .... de 6

5. Forme frases condicionales siguiendo el modelo.

1. *Los generales no han aceptado las condiciones y por eso la guerra todavía no ha terminado.*
   Si los generales hubieran aceptado las condiciones, la guerra ya habría terminado.
2. Has suspendido tres asignaturas y te has pasado todo el verano jugando con tus amigos.
3. No hemos traído el coche porque aquí siempre hay problemas de aparcamiento.
4. Se me han secado las plantas porque no las riego bastante.
5. Nosotros llegamos tarde a todas partes porque tardamos mucho en arreglarnos.
6. Nos hemos perdido porque no compramos un mapa, como yo te dije.
7. No le he dicho nada a Mayte porque no la he visto.

Aciertos: .... de 6

6. Complete con el verbo en el tiempo adecuado.

1. *En caso de que tenga algún problema, llámeme. (tener)*
2. Si _____ aquí, te ponen una multa. *(aparcar)*
3. Dijo que vendría el domingo sin falta, a no ser que le _____ algún imprevisto. *(surgir)*
4. Con tal de que no _____ mucho ruido, podéis poneros una serie, escuchar música o lo que queráis. *(hacer)*
5. Le dijeron que, si no _____ pagar el alquiler, tenía que dejar el piso. *(poder)*
6. Puedes quedarte con mi perro, pero siempre que lo _____ bien. *(cuidar)*
7. Como no _____ tu habitación hoy, no saldrás mañana con tus amigos. *(limpiar)*
8. Si Luis no trabajara, _____ con los niños. *(quedarse)*
9. Si te _____, coge un libro. *(aburrir)*
10. La conferencia es a las 8, en caso de que no _____ venir, llama por teléfono. *(poder)*

Aciertos: .... de 9

LAS ORACIONES CONDICIONALES 10

7. Complete las frases con uno de los nexos del recuadro.

> en caso de que (2)   con tal de que   si (2)   como   siempre que (2)

1. *En caso de que* los resultados de los análisis sean positivos, deberá operarse sin falta.
2. Saldré contigo, _____ me lleves a un sitio tranquilo.
3. _____ no hay entradas para esa obra, podemos ir a ver la otra, ¿no?
4. Te prestaría mi bicicleta _____ la cuidaras.
5. Te dejo salir a la calle a jugar _____ me dejes tranquilo un rato.
6. Este aparato tiene garantía. _____ no funcione bien, se lo cambiaremos por otro.
7. _____ ves a Asunción, dile que la llamaré un día de estos.
8. _____ no estés aquí a las ocho en punto, yo me voy.

Aciertos: .... de 7

8. Formule las preguntas siguiendo el modelo.

1. ¿Cómo (reaccionar, tú) si un dependiente te (devolver) más dinero del que te corresponde?
   ¿Cómo *reaccionarías* si un dependiente te *devolviera* más dinero del que te corresponde?
2. ¿Qué (hacer, tú) si la televisión (estropearse) en mitad de una película interesantísima?
   _____
3. ¿Qué (hacer, tú) si (ver, tú) a una persona robándole el bolso a una anciana?
   _____
4. ¿Qué (hacer, tú) si un día se te (olvidar) las llaves dentro de tu casa y no (tener) otras?
   _____
5. ¿Qué (decir, tú) si (ver, tú) a tu novio con otra mujer?
   _____
6. ¿A quién (llamar, tú) si (quedarse, tú) sin gasolina en una carretera?
   _____
7. ¿Qué (hacer, tú) si te (encontrar, tú) una cartera con mucho dinero en la calle?
   _____

Aciertos: .... de 6

9. Responda a las preguntas anteriores. También puede preguntarle a un compañero.

1. *Si un dependiente me devolviera más dinero, se lo diría inmediatamente.*
2. _____
3. _____
4. _____
5. _____
6. _____
7. _____

TEMA 10   TOTAL aciertos: ....   de 61

Tema 11

 **LOS COMPARATIVOS Y SUPERLATIVOS**

¡EL MEJOR PRECIO! 15000€

Es tan bonito como me lo imaginaba.

Me encanta. Es el coche más rápido que tiene esa marca.

Bueno, es mucho más barato de lo que yo creía.

Fíjate: vale menos de lo que habíamos pensado.

Los comparativos
Comparativos de adjetivos, sustantivos y adverbios
De superioridad e inferioridad Verbo + *más / menos* + sust. / adj. / adv. + *que / de* + ... Verbo + *más / menos* + *de* + *lo que* + indicativo Verbo + *más / menos* + adjetivo + *de* + *lo que* + indicativo Verbo + *más / menos* + sustantivo + *de* + *lo que* + indicativo
De igualdad: Verbo + *tanto como* + ... Verbo + *tan* + adjetivo / adverbio + *como*... Verbo + *tanto, -a, -os, -as* + sustantivo + *como*... Verbo + *como si* + pretérito imperfecto / pluscuamperfecto de subjuntivo
Superlativo absoluto Verbo + adjetivo + *ísimo*
Superlativo relativo *el / la / lo / los / las más / menos* + adjetivo + *de / que*...

Uso

Más / menos que

1 Sirven para expresar superioridad e inferioridad:

- *Esta película me ha parecido **más** entretenida **que** la de ayer.*

Tanto como

1 Sirve para expresar igualdad:

- *A mí, esta película me ha gustado **tanto como** la de ayer.*

Más / menos de

1 Sirve para introducir la segunda parte de la comparación, cuando hablamos de una cantidad determinada:

- *En la reunión había **más de 50 personas**.*

Más / menos (...) de lo

1 Cuando la comparación está basada en un adjetivo:

- *Esta casa es **más antigua de lo que** parece.*

2 Cuando la comparación está basada en un verbo:

- *Trabaja **más de lo que** debería.*

3 Cuando la comparación está basada en un nombre y además es cuantitativa, sea con un número exacto o no:

- *Han llegado muchos **más pantalones de los que** habíamos pedido.*

Como si

1 Se utiliza *como si* + pretérito imperfecto / pluscuamperfecto de subjuntivo para hacer una comparación exagerada:

- *Solo me he comido una galleta y es **como si me hubiera comido** un paquete entero.*

Superlativo absoluto

1 Expresa la superioridad o la inferioridad en grado máximo:

- *Este niño saca muy buenas notas y es inteligent**ísimo**.*

Superlativo relativo

1 Expresa la superioridad o la inferioridad en grado máximo respecto a un grupo:

- *Ana es **la más** lista **de** la clase.*
- *Ana es **la** niña **más** lista **que** conozco.*

Ejercicios

1. Construya 3 frases comparativas con los elementos que siguen.

1. Te encuentro / bien / el verano pasado.
Te encuentro mejor que el verano pasado.
Te encuentro peor que el verano pasado.
Te encuentro tan bien como el verano pasado.

2. Ayer / llovió / hoy.

3. Ahora / no hablas / fluido / antes.

4. La salud / importante / el amor.

5. Ahora / madrugo / antes.

6. A mí me gusta el café / cargado / a ti.

7. Hoy / hace / mucho / frío / ayer.

8. David / no trabaja / antes.

9. Este secretario / eficaz / el otro.

10. En Ávila / no hay / médicos / Madrid.

11. Jaime / ha recorrido / mucho / mundo / todos nosotros.

12. Yo creo / este niño / se parece / a su madre / a su padre.

13. He visto / mi padre / mal / ayer.

14. Vivir en el campo / agradable / en la ciudad.

Aciertos: .... de 13

2. Transforme las frases como en el modelo.

1. No trabaja tanto como él dice. ⟶ *Trabaja menos de lo que dice.*
2. No tiene tantos amigos como ella cree.

3. No es tan joven como parece.

4. No hay tantos coches como es habitual.

5. Las manzanas no son tan malas como pensábamos.

6. No es tan inteligente como parece.

LOS COMPARATIVOS Y SUPERLATIVOS 11

7. La operación no fue tan complicada como dijeron.

8. Ella no es tan seria como él dice.

9. No hemos comido tanto como creíamos.

10. Las noticias no son tan buenas como esperábamos.

Aciertos: ……… de 9

3. Escriba dos frases equivalentes.

1. ¡Qué chica tan generosa!
   Es la chica más generosa que conozco.
   No conozco otra chica tan generosa como ella.
2. ¡Qué película tan divertida!
   _____ he visto en mi vida.
   _____ esta.
3. ¡Qué profesor tan interesante!
   _____ he conocido.
   _____ este.
4. ¡Qué niña tan traviesa!
   _____ conozco.
   _____ ella.
5. ¡Qué hombre tan antipático!
   _____ he conocido.
   _____ él.
6. ¡Qué hotel tan lujoso!
   _____ he visto nunca.
   _____ este.
7. ¡Qué casa tan bonita!
   _____ hay en este pueblo.
   _____ esta.

Aciertos: ……… de 6

4. Relacione.

1. *La gente se comporta* → *b. fuera a vivir eternamente.*
2. Habla de política
3. Se comportaba   **COMO SI**
4. No me saludó, hizo
5. Estoy cansado,
6. Cantó
7. Escribe y habla español

a. hubiera trabajado 20 horas.
b. *fuera a vivir eternamente.*
c. no me hubiera visto.
d. entendiera algo.
e. estuviera loco.
f. hubiera nacido en España.
g. fuera un tenor.

Aciertos: ……… de 6

LOS COMPARATIVOS Y SUPERLATIVOS — 11

5. Con los datos de los dos recuadros, forme frases libremente.

> tocar el piano   nadar   pasear   conducir
> esquiar   bailar sevillanas   escuchar música   cocinar
> montar a caballo   pescar   hacer *puenting*
> ver series   montar en bici   leer   **coleccionar sellos**

> divertido   entretenido   peligroso   aburrido
> pesado   divertido   caro   emocionante

Bailar sevillanas es mucho más divertido que coleccionar sellos.

TEMA 11   TOTAL aciertos: ………   de 34

Tema 12

LAS PERÍFRASIS VERBALES

Las perífrasis verbales
Verbo + (preposición) + infinitivo
Poner(se) a, empezar a, echar a, volver a, llegar a, venir a, acabar de, dejar de, deber, deber de
Verbo + gerundio
Ir, venir, llevar, seguir
Verbo + participio
llevar, tener

Uso

Las perífrasis verbales permiten expresar comienzo, terminación, obligación... y se construyen con:

Verbo + (preposición) + infinitivo

1 Poner(se) a, empezar a, echar a = Comienzo:

- Cuando amaneció, los excursionistas **se pusieron a andar**.

2 Volver a = Repetición:

- Con tanto estrés **ha vuelto a fumar**.

3 Acabar de, dejar de = Terminación:

- Joaquín Sabina **acaba de sacar** un nuevo disco.

4 Llegar a, venir a = Objetivo:

Venir a + infinitivo se usa frecuentemente para expresar el valor de algo o un cálculo aproximado:

- Yo calculo que cada una **vendrá a costar** unos 60 000 euros.

5 Deber = Obligación:

- Todo el mundo **debe respetar** las leyes.

6 Deber de = Hipótesis:

- ¿Sabes qué hora es?, no he traído el reloj.
- Yo tampoco, pero **deben de ser** las dos o dos y media.

Verbo + gerundio

1 Ir, venir = Frecuencia, repetición:

- Rosa **va diciendo** que ella es la mejor vendedora de la empresa.

2 Llevar, seguir = Continuidad:

- ¿Todavía **sigues estudiando** música?
- Sí, **llevo haciéndolo** desde pequeña.

Verbo + participio

1 Llevar, tener = Terminación:

- ¿Cuántos temas **llevas hechos** hasta ahora?
- **Tengo hechos** más de quince.

LAS PERÍFRASIS VERBALES 12

1. Complete cada frase con una de las perífrasis del recuadro.

> he vuelto a ver   vendrá a costar   tienes preparados   tengo dicho
> va diciendo   llegó a acabar   venimos ganando   acabo de verlo
> dejan de hacer   se puso a llover

1. Yo creo que un aparato de esos *vendrá a costar* unos 300 euros, más o menos.
2. ¿Sabes? Un paisano tuyo _____ por ahí que no vives solo.
3. • ¿Qué sabes de Carmela?
   • Pues nada, no la _____ desde que se mudó de barrio.
4. • ¿Sabes dónde está el niño?
   • Sí, _____ en la cocina.
5. Javier no _____ el curso porque se puso enfermo.
6. Si no _____ tanto ruido en el bar de abajo, voy a tener que llamar a la policía.
7. Marisa, te _____ mil veces que no saltes en la cama.
8. Cuando menos lo esperábamos, _____ a cántaros.
9. ¿_____ los paquetes que vas a mandar?
10. • ¿Qué tal os va el negocio?
    • Bien, entre unas cosas y otras, _____ suficiente.

Aciertos: .... de 9

2. Subraye la forma adecuada.

1. Ana M.ª *lleva trabajado* / lleva trabajando 20 años como ilustradora.
2. El perro *lleva ladrando / lleva ladrado* toda la noche.
3. El teléfono *lleva sonando / lleva sonado* más de diez minutos.
4. Nosotros no *llevamos viviendo / llevamos vividos* aquí mucho tiempo.
5. Andrés *lleva haciendo / lleva hechos* cinco temas.
6. ¿*Llevas esperando / Llevas esperado* el autobús mucho tiempo?
7. ¿Cuántos folios *llevas escribiendo / llevas escritos* hasta ahora?
8. El abogado no *llevaba preparando / llevaba preparada* la defensa de su cliente.
9. Estoy cansadísima, *llevo corrigiendo / llevo corregido* desde las ocho.
10. Hasta ahora *llevamos pagando / llevamos pagadas* muchas multas tuyas.
11. Mi hermano *lleva haciendo / lleva hechos* pasteles toda la tarde.
12. Ya *llevo leyendo / llevo leídas* 300 páginas de tu novela.
13. Esta noche ya *llevo ganando / llevo ganadas* todas las partidas.
14. *Llevo durmiendo / Llevo dormidas* 12 horas. Estaba agotada.

Aciertos: .... de 13

3. Elija la respuesta adecuada.

1. *La policía sigue buscando al banquero de Valencia.*
   a. lleva buscando
   b. sigue buscando
   c. va buscando

2. Yo calculo que Anita _____ unos 45 años.
   a. va a tener
   b. vuelve a tener
   c. debe de tener

3. ¡Por fin _____!
   a. acaba de llover
   b. ha dejado de llover
   c. tiene que llover

4. Cuando vio a sus padres, _____ hacia ellos.
   a. echó a correr
   b. lleva corriendo
   c. empezó corriendo

5. Ella _____ más o menos los mismos años que yo.
   a. lleva bailando
   b. viene a bailar
   c. acaba bailando

6. En la radio _____ decir que la gasolina _____ subir otra vez.
   a. dejan de... viene a
   b. acaban de... va a
   c. llegan a... debe de

7. Su hijo debe _____ cuanto antes.
   a. empieza a trabajar
   b. ponerse a trabajar
   c. echar a trabajar

8. María dice que no piensa _____ en la vida.
   a. volver a casarse
   b. ponerse a casarse
   c. dejar de casarse

9. Yo creo que él no _____ a sus padres, porque murieron muy jóvenes.
   a. vino a conocer
   b. dejó conocer
   c. llegó a conocer

10. • Y tu yerno, ¿qué tal?
    • Bien, _____ poco a poco, gracias.
    a. viene mejorando
    b. va mejorando
    c. empieza mejorando

11. Si sigues así, _____ al médico.
    a. vas a venir
    b. tendrás que ir
    c. acabas de ir

12. ¿No dijiste que no _____ más?
    a. volverías a fumar
    b. llegarías de fumar
    c. irías a fumar

LAS PERÍFRASIS VERBALES 12

13. _____ con mucho entusiasmo para que el fuego no se apagara.
    a. Se pusieron a soplar   b. Se fueron a soplar   c. Vinieron a soplar

14. Por favor, no _____ otra vez.
    a. dejes de quejarte   b. empieces a quejarte   c. llegues a quejarte.

15. Todavía no he visto a nadie, _____
    a. empiezo a llegar   b. dejo de llegar   c. acabo de llegar

16. Se le puso la cara roja del jarabe que se _____
    a. empezaba a beber   b. venía a beber   c. acababa de beber

17. A pesar de los años, me _____ las críticas negativas.
    a. llevan doliendo   b. siguen doliendo   c. esperan doliendo

18. ¿_____ la comida?
    a. Sigues preparada   b. Tienes preparada   c. Vienes preparada

19. ¿Sabes que Marta _____ con su padre?
    a. ha dejado de trabajar   b. ha acabado de trabajar   c. va trabajando

20. El niño _____ con ojos incrédulos.
    a. se dejó mirando   b. se quedó mirando   c. se fue mirando

Aciertos: ………. **de 19**

4. Construya preguntas siguiendo el modelo.

1. Vivir en el barrio. → *¿Sigues viviendo en el barrio?*
2. Salir con Lucía. _____
3. Trabajar en la misma empresa. _____
4. Ir de vacaciones a la misma playa de todos los veranos. _____
5. Estudiar astronomía. _____
6. Ver a los amigos de antes. _____
7. Dormir muchas horas. _____
8. Leer tanto como cuando eras pequeño. _____

Aciertos: ………. **de 7**

TEMA 12   TOTAL aciertos: ……….   **de 49**

Tema 13

LAS ORACIONES CONSECUTIVAS

Estaba enfermo, y nos daba *tanta pena que no pudimos dejarlo* en la carretera.

Mi canario canta *tan poco que no sé qué hacer.*

Pues dele usted esto y ya verá.

Quería darle las gracias. Mi canario *canta tanto que estamos encantados.*

Las oraciones consecutivas
Tan + { adjetivo / adverbio } + *que* + ...
Verbo + *tanto que* + ...
Tanto, -a, -os, -as + nombre + *que* + ...

Uso

Tan... que, tanto que y tanto ... que

Las oraciones consecutivas se usan para expresar la consecuencia de una acción, circunstancia o cualidad indicada en la oración principal.
Al mismo tiempo, intensifican la expresión y le dan fuerza:

- *Trabaja tan despacio que* nunca termina a tiempo. (= Trabaja muy despacio.)
- *Duerme tanto que* luego no tiene tiempo de nada.
- *Comió tantos dulces que* se puso enfermo.

LAS ORACIONES CONSECUTIVAS 13

1. Relacione.

1. *Era tan alto*
2. Tiene tanto desorden
3. Dio tantos gritos
4. Había tanta gente
5. Tiene los pies tan grandes
6. Hacía tanto calor
7. La película era tan aburrida
8. Ha dicho tantas mentiras

a. *que no cabía por la puerta.*
b. que no pudimos ver bien el concierto.
c. que le oyeron a varios kilómetros.
d. que las piedras quemaban.
e. que el público se durmió.
f. que no encuentra zapatos de su número.
g. que ahora nadie le cree.
h. que ni él mismo sabe dónde están sus cosas.

Aciertos: ……… de 7

2. Forme frases como en el modelo.

1. *Estábamos todos muy cansados. Nos acostamos pronto.*
   Estábamos todos tan cansados que nos acostamos pronto.
2. El accidente fue muy rápido. Nadie se dio cuenta de lo que pasó.
3. El correo tenía muchas faltas. Tuve que escribirlo otra vez.
4. Llovía mucho. No se pudo recoger la cosecha.
5. El agua estaba muy turbia. No quisimos beber.
6. Hay muchas cosas que hacer. No sé por dónde empezar.
7. Fuma mucho. Acabará por ponerse enfermo.
8. Había mucha nieve. Los coches no podían pasar.
9. Estaba muy contenta. Se puso a cantar.

Aciertos: ……… de 8

3. Elija la respuesta adecuada.

1. Aunque no lo creas, ahora como *tanto que* he engordado 3 kilos.
   a. tan que   b. tanto que   c. tanto como

2. Salía _____ esporádicamente _____ muy pocos vecinos lo veían.
   a. tan … como   b. tanto … que   c. tan … que

3. Iván se asustó _____ se le pusieron los pelos de punta.
   a. tan como   b. tanto que   c. tan que

LAS ORACIONES CONSECUTIVAS 13

4. El negocio es _____ rentable _____ ha decidido abrir otro.
   a. tan ... que   b. tanto ... como   c. tan ... como

5. En Galicia llueve _____ parece que estamos en Londres.
   a. tanto como   b. tan como   c. tanto que

6. Estaba _____ harta de la vida que llevaba _____ quería perder de vista la ciudad.
   a. tanta ... como   b. tanta ... que   c. tan ... que

7. En esa película trabaja _____ bien _____ ha ganado un Goya.
   a. tan ... como   b. tanto ... como   c. tan ... que

8. Una noche, estaba _____ desesperado _____ salió a dar un paseo, porque no podía dormir.
   a. tanto ... como   b. tan ... que   c. tan ... como

9. Me agarró con _____ fuerza _____ pensaba que íbamos a caernos.
   a. tan ... como   b. tanta ... como   c. tanta ... que

10. En este hotel se duerme _____ cómodamente _____ no apetece madrugar.
    a. tan ... como   b. tanto ... como   c. tan ... que

11. Este año han venido _____ turistas _____ será muy buena la temporada.
    a. tantas ... que   b. tantos ... como   c. tantos ... que

12. Cómprate ese traje. Es _____ bonito _____ sería una pena no llevártelo.
    a. tan ... que   b. tanto ... como   c. tan ... como

13. Es _____ egoísta _____ no quiere saber nada de los problemas de sus hermanos.
    a. tan ... que   b. tanto ... como   c. tanta ... que

14. Conduce _____ prudentemente _____ nunca ha tenido un accidente.
    a. tanto ... que   b. tan ... que   c. tanto ... como

Aciertos: ……… de 13

TEMA 12   TOTAL aciertos: ………   de 28

Tema 14

SER / ESTAR + ADJETIVO

- El tema de hoy es: En el s. XXI, ¿será imprescindible saber español?
- Hombre, está claro que la lengua española ocupa un lugar cada vez más importante en el mundo.
- Sí, pero lo que es indudable es que el número de hablantes es mayor cada día.
- Antes de seguir, sería conveniente que estudiáramos los datos que tenemos sobre el tema, ¿no?
- Sin embargo, yo no estoy segura de que el español se conserve como hoy por mucho tiempo.
- Claro, es lógico que siga evolucionando y que incorpore términos nuevos a medida que se necesitan.

Ser / estar + adjetivo			
Afirmativo		Negativo	
Es seguro, es evidente, es / está claro, está visto, es cierto	+ que + indicativo	No es seguro, no es evidente, no es / está claro, no está visto, no es cierto	+ que + subjuntivo
Es lógico, es difícil, es conveniente, es necesario, es normal, es mejor. Estoy acostumbrado a, estoy dispuesto a, estoy satisfecho de	+ infinitivo + que + subjuntivo	No es lógico, no es difícil, no es conveniente, no es necesario, no es normal, no es mejor. No estoy acostumbrado a, no estoy dispuesto a, no estoy satisfecho de	+ que + subjuntivo
Estoy seguro de, estoy convencido de	+ infinitivo + que + indicativo	No estoy seguro de, no estoy convencido de	+ que + subjuntivo

Uso

Es seguro, es / está claro, está visto que...

Indicativo

1 Cuando la oración principal es afirmativa:

- *Es evidente que* M.ª José *tiene* mucho prestigio entre sus colegas.

Subjuntivo

1 Cuando la oración principal es negativa:

- *No es seguro* todavía *que* Jesús y Lola *vayan a hacer* huelga.

Es lógico, es difícil, es maravilloso que...

Infinitivo

1 Cuando el sujeto de las dos oraciones (principal y subordinada) es el mismo, o un sujeto determinado:

- *Está acostumbrado a llegar* tarde siempre.
  (él)   (él)
- *Es maravilloso vivir* en el campo.

Subjuntivo

1 Cuando el sujeto de las dos oraciones no es el mismo:

- *Está acostumbrada a que* le *manden*.
  (ella)   (ellos/-as)
- *Es lógico que desconfíe* de todo el mundo. Ha tenido muchos desengaños.

Está convencido, -a de (que) / está seguro, -a de (que)...

Infinitivo

1 Cuando el sujeto de las dos oraciones (principal y subordinada) es el mismo:

- *Estoy segura de aprobar* este examen.
    (yo)   (yo)

Indicativo

1 Cuando la oración principal es afirmativa:

- *Estoy segura de que* Elena *aprobará* este examen.

Subjuntivo

1 Cuando la oración principal es negativa:

- *No estoy segura de que* Juan Carlos *apruebe* este examen.

Concordancia de tiempos verbales

En los casos en que la oración subordinada lleva el verbo en modo subjuntivo, caben diferentes concordancias posibles:

Presente

1 Verbo principal en presente, verbo subordinado en presente de subjuntivo:

- *No estoy seguro de que vengan.*

2 Verbo principal en presente, verbo subordinado en pretérito perfecto de subjuntivo:

- *No estoy seguro de que hayan venido.*

3 Verbo principal en presente, verbo subordinado en pretérito imperfecto de subjuntivo:

- *No estoy seguro de que vinieran.*

4 Verbo principal en presente, verbo subordinado en pretérito pluscuamperfecto de subjuntivo:

- *No estoy seguro de que hubieran venido.*

Pasado: pretérito perfecto compuesto, pretérito imperfecto, pretérito perfecto simple, pretérito pluscuamperfecto:

1 Verbo principal en pasado, verbo subordinado en pretérito imperfecto de subjuntivo:

- *No estaba seguro de que vinieran.*

2 Verbo principal en pasado, verbo subordinado en pretérito pluscuamperfecto de subjuntivo:

- *No estaba seguro de que hubieran venido.*

Futuro

1 Verbo principal en futuro, verbo subordinado en presente de subjuntivo:

- *Será mejor que vengas pronto.*

Condicional

1 Verbo principal en condicional, verbo subordinado en pretérito imperfecto de subjuntivo:

- *Sería conveniente que vinieran.*

Ejercicios

1. Complete las frases con uno de los elementos del recuadro.

> Está encantada   Está decidida   No estoy seguro   Están acostumbrados
> No estoy dispuesto   Está muy orgullosa   Está convencido

1. *No estoy dispuesto* a que se rían de mí.
2. _____ a llevar el asunto a los tribunales.
3. _____ de que acepten nuestra oferta.
4. _____ de haber conseguido el Premio Nobel de Física.
5. _____ de que lo van a readmitir en la empresa.
6. _____ de trabajar en el cine.
7. _____ a que yo les resuelva todos los problemas.

Aciertos: ……….   de 6

2. Subraye la forma adecuada.

1. Sería conveniente que *vayas / fueras* tú mismo y *veas / vieras* los destrozos que han hecho.
2. No es fácil *aceptar / que aceptara* la muerte de los seres queridos, sobre todo si son jóvenes.
3. Al final, no fue preciso *llamar / que llames* a la ambulancia.
4. Es evidente que Roberto *está / esté* totalmente enamorado de Sonia.
5. Era imprescindible que el notario *levante / levantara* acta de la sesión.
6. ¿Es imprescindible *hacer / que hiciera* el examen para pasar al curso siguiente?
7. No es justo que *cierran / cierren* el Centro Dramático por falta de presupuesto.
8. Para poder cumplir nuestros objetivos, sería necesario que los países ricos *aporten / aportaran* más dinero.
9. ¿No crees que era injusto que siempre *tenga / tuviera* que ocuparme yo?
10. Está visto que, al final, *tenga / tengo* que ir yo otra vez al aeropuerto.
11. Lo más probable era que el ratón no *estaba / estuviera* allá dentro.

Aciertos: ……….   de 10

3. Complete las frases con un verbo en el tiempo y modo adecuados.

1. Sería conveniente que tú también te *ocuparas* de la lavadora y *plancharas* las camisas. *(ocupar, planchar)*
2. Estamos seguros de que ustedes _____ la situación. *(comprender)*
3. Antes, mi cliente no estaba dispuesto a _____ su primera declaración, pero ahora sí. *(rectificar)*
4. Era increíble que, media hora después, todavía no _____ los bomberos. *(llegar)*
5. No es justo que les _____ menos por el mismo trabajo. *(pagar)*
6. Están hartos de que siempre les _____ lo mismo. *(decir, ellos)*
7. Se fue porque no estaba dispuesto a que le _____ más. *(explotar)*
8. Hasta hoy no estaba convencido de que le _____ la verdad. *(decir, ellos)*

SER / ESTAR + ADJETIVO 14

9. ¿Cómo estabais seguros de que ella no _____ a recoger el coche la noche anterior? *(venir)*
10. Ella no estaba segura de que la _____ cuando explicó su proyecto. *(entender)*
11. ¿No es maravilloso que Sofía _____ por fin el mes que viene? *(volver)*
12. No era lógico que _____ así con nosotros, después de todo lo que _____ por él. *(portarse, él; hacer)*
13. Estamos muy orgullosos de que en nuestra Constitución se _____ a las mujeres antes que a los hombres. *(mencionar)*
14. Sería conveniente que a las horas punta _____ más autobuses. *(haber)*
15. No está claro que él _____ el verdadero autor de esta novela. *(ser)*
16. Será mejor que _____ lo que te ha dicho el médico. *(hacer, tú)*
17. Es lógico que si uno _____ luego _____ derecho a quejarse. *(votar, tener)*
18. Es bastante probable que esta momia _____ a algún personaje importante en su tiempo. *(pertenecer)*
19. Será mejor que nadie _____ nada de esto. *(decir)*
20. Fue inútil que le _____, no quiso apuntarse al viaje. *(insistir, nosotros)*
21. Es ridículo que _____ así, a estas alturas. *(ponerse, tú)*
22. Sería conveniente que _____ ya, para evitar los atascos. *(salir, nosotros)*
23. Dijo que estaba acostumbrada a _____ día y noche. *(trabajar)*
24. Mi madre estaba muy orgullosa de que yo _____ estudiar Medicina. *(decidir)*

Aciertos: .... de 25

4. Exprese su opinión ante estas noticias.

1. *Los españoles de ahora no son tan machistas como los de hace 25 años.*
   Estoy convencido de que es mentira.   Es lógico que sea así.
2. Hay crisis en el ejército. Los chicos españoles no quieren ser militares.
   _____
3. Un policía utiliza el coche patrulla para hacer la compra en el hipermercado.
   _____
4. El próximo año se inaugurarán dos nuevas autopistas a través del Parque Nacional de Doñana. Miles de aves se quedarán sin un lugar para vivir.
   _____
5. El 60% de los españoles entre 20 y 30 años, con un puesto de trabajo, aún no ha abandonado el hogar familiar.
   _____
6. Las tasas de la universidad subirán un 8% el próximo curso.
   _____
7. Un conductor se da a la fuga tras atropellar a un peatón.
   _____

Aciertos: .... de 6

TEMA 14   TOTAL aciertos: ....   de 47

Tema 15

U LAS ORACIONES TEMPORALES

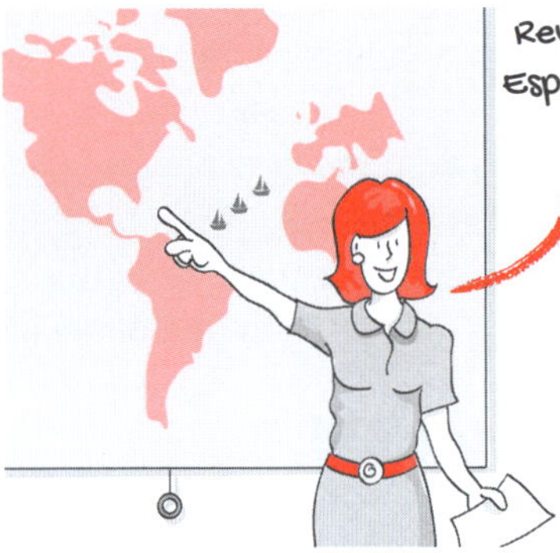

Cuando reinaban los Reyes Católicos en España, Colón llegó a América.

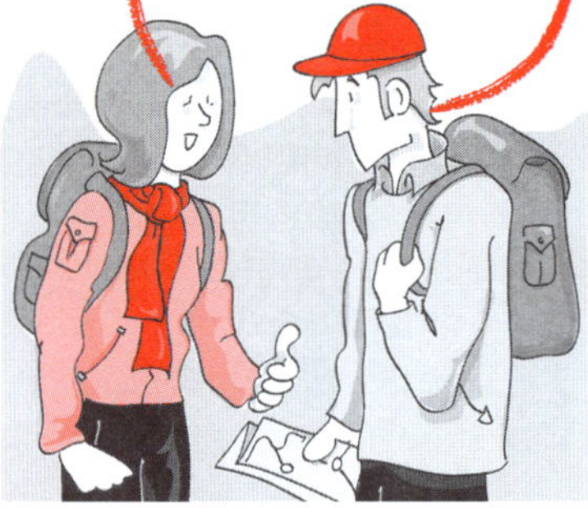

Cuando veas el puente de piedra, estarás en el pueblo.
Vale. En cuanto llegue allí, te llamaré.

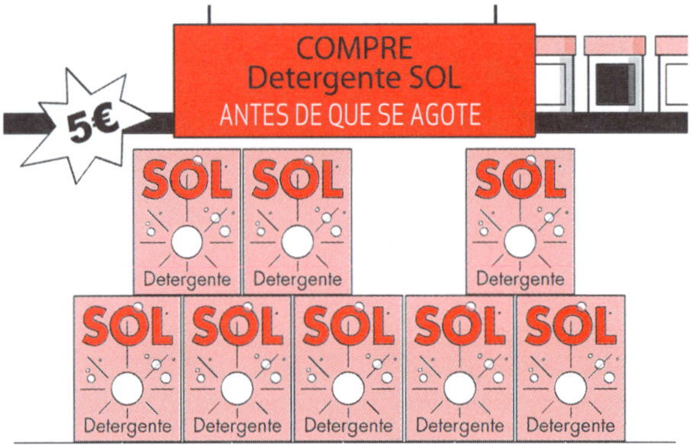

COMPRE
Detergente SOL
ANTES DE QUE SE AGOTE
5€
SOL
Detergente

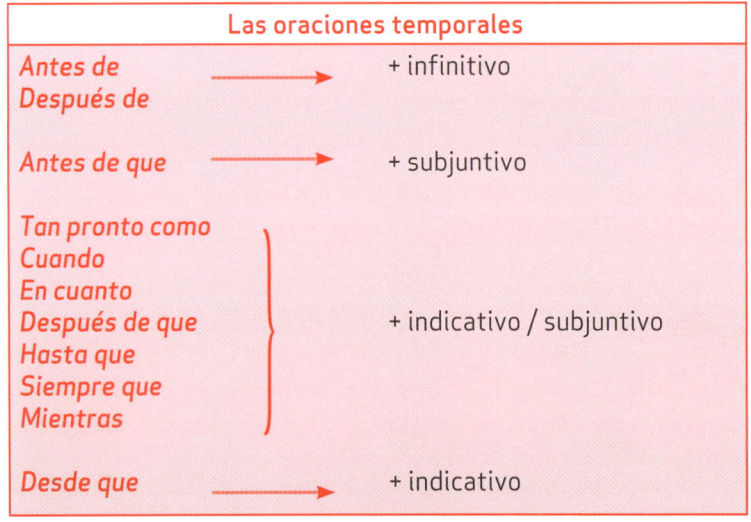

Las oraciones temporales	
Antes de *Después de* →	+ infinitivo
Antes de que →	+ subjuntivo
Tan pronto como *Cuando* *En cuanto* *Después de que* *Hasta que* *Siempre que* *Mientras*	+ indicativo / subjuntivo
Desde que →	+ indicativo

Uso

Antes de (que)

1 Se suele usar el infinitivo cuando el sujeto de los dos verbos es el mismo, y el subjuntivo cuando el sujeto es distinto:
- ***Antes de salir** de viaje, asegúrate de que llevas la documentación.*
- *Vamos a terminar, **antes de que venga** el jefe. Futuro*
- *Al final, ayer terminamos todo el trabajo **antes de que llegara** el jefe. Pasado*

Después de (que)

1 Suele llevar el verbo en infinitivo, sea con el mismo sujeto o con sujetos distintos:
- *¿Saldréis **después de cenar**?*
  (vosotros)   (vosotros)
- *¿Habéis visto a alguien **después de acabar** la película?*

2 Pueden usarse el indicativo y el subjuntivo cuando se habla del pasado, y el subjuntivo cuando se habla del futuro:
- *No ha vuelto **después de** que le dijeron / dijeran aquello.*
- ***Después** de que **venga** el médico, podremos salir.*

Cuando, en cuanto, después de que, hasta que, siempre que, mientras, tan pronto como

Las oraciones temporales introducidas por estos nexos pueden llevar el verbo en indicativo o subjuntivo:

Indicativo

1 Cuando hablamos del presente o del pasado:
- *La gente no se fue a casa **hasta que** le **dijeron** que no había peligro.*
- ***Siempre que iba** al extranjero traía regalos para todos.*

Subjuntivo

2 Cuando hablamos del futuro:
- *Quédate aquí **hasta que** yo **venga**.*
- ***Siempre que vaya** al extranjero te traeré un regalo.*
- ***Mientras esté enferma**, la niña no podrá ir al colegio.*

Desde que

1 Las oraciones introducidas por *desde que* llevan normalmente el verbo en indicativo:
- *Ha cambiado mucho **desde que murió** su marido.*

¿Cuándo...?

1 Las oraciones interrogativas directas e indirectas que comienzan por *cuándo* llevan el verbo en indicativo:
- *¿Sabes **cuándo vendrá** Begoña?*

Ejercicios

1. Complete las frases con las palabras del recuadro.

> en cuanto (4)   desde que (4)   hasta que (2)   antes de que (2)
> mientras (4)   después de (2)   cuando

1. *En cuanto* sepas algo, llámame.
2. _____ se licenció no la he visto.
3. He venido _____ me he enterado de la triste noticia.
4. _____ unos hacían la comida, otros preparaban la mesa.
5. _____ llegues, escríbeme.
6. _____ he visto esa película de terror, no puedo dormir.
7. _____ dure la pandemia no podemos viajar.
8. _____ haya comido, voy a ayudarte en la tarea.
9. _____ pudieran reaccionar escapó.
10. _____ empiece el partido de fútbol, voy a preparar la cena.
11. La mujer, _____ lo vio, se emocionó y lloró un poco.
12. Luis, ¡lávate los dientes _____ comer chocolate!
13. _____ salgo por la mañana, _____ vuelvo a casa por la tarde, no paro.
14. Está buscando trabajo, _____ cerraron su empresa.
15. No se dio cuenta de nada _____ llegó a casa.
16. _____ tú hablas con Pablo, yo voy a hacer un recado.
17. _____ esperar dos horas, nos dijeron que no vendría.
18. _____ ella se duchaba, él preparó la cena.

Aciertos: .... de 18

2. Transforme la frase como en el modelo.

1. Saldremos antes de que empiece el atasco.
   Salimos antes de que empezara el atasco.
2. Me voy a vestir, antes de que lleguen mis amigos.
   _____
3. Cenaremos antes de que vengan los otros.
   _____
4. Iré a dar un paseo antes de que anochezca.
   _____
5. Bajaré la música, antes de que protesten los vecinos.
   _____
6. Voy a apagar el fuego, antes de que se queme la comida.
   _____
7. Compraré otros dos libros de arte, antes de que se agoten.
   _____
8. Voy a sacar el coche de allí, antes de que se lo lleve la grúa.
   _____

Aciertos: .... de 7

LAS ORACIONES TEMPORALES 15

3. Complete las frases siguientes con el verbo en el modo y tiempo más adecuados: infinitivo / indicativo / subjuntivo.

1. Tan pronto intuyo que la luz verde del semáforo se va a poner roja, me pongo a correr. (intuir)
2. Cuando se _____ por caminos, hay que tomar muchas precauciones. (circular)
3. La gerente se quedó charlando hasta que _____ Vicente. (llegar)
4. Se determinan las características físicas antes de _____. (nacer)
5. Cuando _____ a la escuela secundaria, ya se podía prever qué tipo de persona sería. (ir)
6. Mientras yo _____ aquí, nada malo te ocurrirá. (estar)
7. Vete, antes de que te _____. (ver, él)
8. Cuando _____ en la despensa, la luz no se encendió. (entrar, yo)
9. Antes de que yo _____ contestarle, se fue. (poder)
10. Cuando me _____ que no era grave, sentí alivio. (decir, ellos)
11. Cuando _____ al dentista, me informaron de que debía extraerme inmediatamente varios dientes. (ir)
12. Mientras el enfermero _____ la jeringuilla, yo permanecía inmóvil. (preparar)
13. Desde que _____ la primera vez, he querido verte a solas. (encontrarse, nosotros)
14. Cuando ella _____ desocupada, pasábamos horas conversando. (hallarse)
15. Desde que _____, ha vivido en varios sitios del mundo. (dimitir, él)
16. Transcurrió un momento, antes de que _____ a hablar. (volver, ella)
17. ¿Qué harían cuando _____ esta posibilidad? (perder)
18. Poco tiempo después de que _____ del pueblo, la gente dejó de hablar de él. (irse, él)
19. En cuanto te _____ los resultados de los análisis, llévaselos a tu médico de cabecera. (dar, ellos)
20. Antes de _____ de casa, yo no sabía ni freír un huevo. (irse, yo)
21. Dijo que llamaría en cuanto _____ al hotel. (llegar)
22. Hasta que no lo _____, no lo creyeron. (ver)
23. ¿Qué quieres hacer cuando _____ mayor? (ser)
24. Antes de _____ algo, consúltalo conmigo si quieres. (decidir)
25. Después de _____ con nosotras, reconsideraron su postura. (hablar)
26. ¡Tú no te muevas de aquí hasta que yo te lo _____! (decir)

Aciertos: ……… de 25

LAS ORACIONES TEMPORALES

4. Una las dos frases en una sola, haciendo las transformaciones oportunas.

> antes de (que) (2)   después de (2)   en cuanto (4)
> mientras (2)

1. Pedro tiene que firmar el contrato ya.
   Van a abrir la fábrica mañana.
   Pedro tiene que firmar el contrato antes de que abran la fábrica.
2. Vamos a llegar pronto. Tenemos que encender la chimenea.

3. Tú puedes pasar la aspiradora. Yo hago la compra.

4. Se enteró del accidente de avión por televisión. Enseguida llamó a la familia.

5. Compramos el ordenador el martes pasado. Habíamos visto la oferta el lunes.

6. Vamos a recoger lo de la fiesta. Tus padres van a venir de un momento a otro.

7. La ley del divorcio salió en abril. Ellos se divorciaron inmediatamente.

8. Ella aprobó las oposiciones de juez. Se había trasladado a Soria poco antes.

9. Mi marido se jubilará pronto. Entonces nos iremos a vivir a Mallorca.

10. Tú vas a comprar los billetes. Al mismo tiempo yo preparo las maletas.

Aciertos: .... de 9

TEMA 15   TOTAL aciertos: ....   de 59

Tema 16

EL ESTILO INDIRECTO

Verbos de información + *que* + indicativo		
Estilo directo (Indicativo)	Verbo introductor	Estilo indirecto (Indicativo)
Presente / pasado Futuro	Presente / pret. perfecto compuesto	Presente / pasado Futuro
Presente Pret. perf. compuesto Pret. perf. simple Pret. imperfecto Futuro	Pret. perf. comp. / pret. imperf. / pret. perf. simple / pret. pluscuamp.	Pret. imperfecto Pret. plusc. / perf. simple Condicional

Verbos de prohibición, mandato, recomendación + *que* + subjuntivo		
Estilo directo	Verbo introductor	Estilo indirecto
Imperativo	Presente / pret. perfecto compuesto	Presente de subj.
Imperativo	Pret. perfecto / pret. imperf. / pret. perf. simple / pret. plusc.	Pret. imperfecto subj.

Uso

Indicativo

1 Se usa en las oraciones dependientes de verbos que expresan transmisión de información, como *contar, explicar, preguntar, comentar, informar, advertir, anunciar, asegurar*:
- **Han comentado** en el telediario **que** mañana **lloverá**.
- Ya **nos advirtieron que** este restaurante **era** carísimo.

Subjuntivo

1 Se usa en las oraciones dependientes de verbos que expresan recomendación o mandato, como *ordenar, aconsejar, rogar, prohibir, recomendar, sugerir*:
- Su médico **le ha recomendado que no fume**.

Indicativo o subjuntivo

1 Algunas veces, el mismo verbo puede tener dos significados distintos y dar lugar a tiempos y modos verbales diferentes en la oración subordinada:

advertir = informar:
- "Voy a llegar tarde"
- Él **nos advirtió que llegaría** tarde.

advertir = ordenar, recomendar:
- "No lleguéis tarde"
- Mamá **nos advirtió que no llegáramos** tarde.

EL ESTILO INDIRECTO 16

1. Complete las frases con uno de estos verbos en el tiempo más adecuado de indicativo.

> salir ir (4) casarse ser funcionar entender
> estar poder pasar saber ver tener aguantar

1. En la autoescuela nos explicaron cómo *funcionaba* el embrague.
2. Ya te advertí que tu madre _____ muy mal.
3. Dijo que no _____ venir con nosotras porque _____ que arreglar la persiana.
4. Nos contaron que _____ el mes anterior por lo civil y que _____ la luna de miel en Cancún.
5. Me comentó que la fábrica _____ de mal en peor y que no _____ hasta cuándo _____ .
6. Le pregunté si _____ a pasarse la vida quejándose de lo mismo y me respondió que yo _____ una egoísta y que no _____ nada.
7. Han comentado que pronto _____ a cerrar la carretera y que _____ a abrir la autopista.
8. Ya nos advirtieron que con esta empresa la mudanza nos _____ muy cara.
9. Ella nos contó que todos los fines de semana _____ muchas series.

Aciertos: .... **de 15**

2. Complete las frases con el verbo en la forma más adecuada.

1. Mis padres me recomendaron que *fuera* a estudiar a Inglaterra y *sacara* un certificado de idiomas. *(ir, sacar)*
2. Al despedirme de ella, le dije que no la _____ jamás. *(olvidar)*
3. Cuando se enteraron de que yo _____ rico, me pidieron que _____ en varios proyectos de ayuda al medio ambiente. *(ser, colaborar)*
4. El viernes les anunció a sus empleados que ella no _____ a trabajar más. *(volver)*
5. Llamé a Valeria y le dije que _____ y que _____ ansioso por verla. Me contestó que ella también me _____ de menos. *(regresar, estar, echar)*
6. Él dijo que ella _____ utilizar el transporte público. *(deber)*
7. Siempre le recomendaba que no _____ a casa demasiado tarde. *(volver)*
8. Llamé por teléfono a mi padre para decirle que _____ sin mí. *(comer)*
9. Le pidió a Fernando que le _____ una mano. *(echar)*
10. Una vez le pregunté a Silvia qué _____ por las tardes y me contestó que _____ dar una vuelta por el barrio y tomar un café siempre en el mismo bar. *(hacer, soler)*
11. Me dijo que _____ de bajar del autobús. *(acabar)*
12. Le prometiste a Blanca que _____ a verla a menudo. *(ir)*
13. Las señales advertían de que no _____ de la pista. *(salir, nosotros)*
14. El cocinero anunció que la comida _____ lista en unos minutos. *(estar)*

15. Les explicó que no _____ escolta. *(querer)*
16. Pediré al ministerio que nos _____ más libros. *(enviar)*
17. Ya te había dicho que no _____ nada, que nosotros _____ la bebida. *(comprar, tú; traer)*

Aciertos: .... de 21

3. Transforme en estilo indirecto.

1. *Niña: «Quiero que me lleven a casa».*
   La niña dijo que quería que la llevaran a su casa.
2. «No pretendo que me sigas a todas partes».
   Le aseguré que _____
3. «Mientras yo escribo, puedes ir al cine».
   Yo le propuse que _____
4. «Cuando salgas, ven a verme».
   Ella me pidió que _____
5. «No he comido porque no tenía hambre».
   Me comentó que _____
6. «Si llama Ángel, dile que no estoy».
   Mi hermana me dijo que _____
7. «Espero que te vayas y no vuelvas más».
   Él le respondió que _____
8. «Si tuviera dinero, compraría muchos libros».
   Comentó que _____
9. «Cuando vuelvas de tu viaje, iré a verte».
   Aseguró que _____
10. «Recoge la ropa tendida, antes de que empiece a llover».
    Mi madre me mandó que _____

Aciertos: .... de 9

4. Reescriba las frases anteponiendo uno de los verbos del recuadro.

| aconsejar (2)   sugerir   rogar (3)   recomendar (2)   prohibir (3) |

1. *«Id a ese hotel, es muy bueno».*
   Él nos recomendó que fuéramos a ese hotel porque era muy bueno.
2. «No os acerquéis al agua».
   La abuela _____
3. «Vuelve pronto».
   Ella le _____
4. «No trabaje tanto».
   El médico _____
5. «Ayúdame, por favor».
   Él le _____

EL ESTILO INDIRECTO — 16

6. «Córtate el pelo, estarás mejor».
   Mi compañera me _____
7. «No quiero que estudies Filosofía, es una carrera que no sirve para nada».
   Su padre le _____
8. «Lo mejor es que hables con el profesor de Julia».
   Yo le _____
9. «No salgas todas las noches».
   La madre le _____
10. «Acércame la medicina, por favor».
    Ella nos _____
11. «No comas más caramelos».
    Él le _____
12. «Cómprate un diccionario más completo».
    Yo _____

Aciertos: .... de 11

5. ¿Qué le aconsejaron sus compañeros a Miguel?

Miguel Pérez trabaja en una empresa desde hace más de 20 años y hace pocos días recibió una oferta de otra empresa. Le ofrecen mayor sueldo y un cargo de mayor responsabilidad del que tiene ahora. No sabe qué hacer. Sus compañeros le hacen varias sugerencias, y luego él se lo cuenta a su mujer. Escriba usted el texto de lo que le ha dicho a su mujer.

Vicente	Pilar
No dejes esta empresa, te arrepentirás, ya verás.	Esta es la oportunidad de tu vida, tienes derecho a mejorar, acepta la oferta cuanto antes.

Carlos	Juanjo
Yo creo que debes pensarlo bien antes de decidirte. Pide un tiempo para meditarlo.	Pues yo creo que debes hablar con nuestro jefe de personal y pedirle que te ascienda y te suba el sueldo. Si no te lo sube, te vas.

Lucía (mujer de Miguel): Y tus compañeros, ¿qué te dijeron cuando se lo dijiste?
Miguel: Pues no me ayudaron mucho, la verdad, cada uno me aconsejó algo distinto. Vicente me dijo que _____
_____
_____
_____
_____
_____

TEMA 16   TOTAL aciertos: .... de 56

Tema 17

LOS PRONOMBRES PERSONALES

Los pronombres personales			
Tónicos	Átonos		Tónicos
Sujeto	Objeto directo	Objeto indirecto	Con preposición
Yo	me	me	mí (conmigo)
Tú	te	te	ti (contigo)
Él, ella, usted	lo, la (le)	le (se)	él, ella, usted / sí (consigo)
Nosotros, -as	nos	nos	nosotros, -as
Vosotros, -as	os	os	vosotros, -as
Ellos, ellas, ustedes	los, las	les (se)	ellos, ellas, ustedes / sí (consigo)

Los verbos con pronombres		
Sin pronombre	Con pronombre reflexivo	Con *le*
quedar	quedar**se**	quedar**le** (bien/mal)
arreglar	arreglar**se**	
sentir	sentir**se**	
faltar		faltar**le** (algo a alguien)
sentar	sentar**se**	sentar**le** (bien/mal)
despedir	despedir**se**	
parecer	parecer**se**	parecer**le** (bien/mal)
olvidar	olvidar**se**	
interesar	interesar**se**	interesar**le** (algo a alguien)
apetecer		apetecer**le** (algo a alguien)
gustar		gustar**le** (algo a alguien)
pasar	pasar**se**/pasár**selo** (bien/mal)	
poner	poner**se**	
hacer	hacer**se**	
caer	caer**se**	caer**le** (bien/mal)
ocurrir		ocurrír**sele** (algo a alguien)

Uso

Los pronombres personales

Lo, la, los, las

1 Cuando el nombre (o pronombre) que funciona como objeto directo aparece antes del verbo, es obligatorio utilizar también el pronombre personal correspondiente:

Esta película ya *la* he visto dos veces.
  (OD)   (OD)

Se + me / te / le / nos / os / les

2 Se usa para expresar la falta de responsabilidad del sujeto en la acción verbal y con el segundo pronombre indicamos quién es el afectado.
- *Ayer rompí el jarrón.*
- *El jarrón **se** rompió en el traslado.*
- ***Se me** rompió el jarrón cuando le quitaba el polvo.*

Los pronombres tónicos

3 *Con + mí, ti, sí = conmigo, contigo, consigo*. La forma *consigo* tiene un valor reflexivo:
- *Al marcharse de esta casa se llevó **consigo** todas sus pertenencias.*

Detrás de las preposiciones *según, entre, excepto, incluso, menos, salvo* y *hasta*, se usa la forma *tú*:
- ***Según tú**, ¿cuáles son las mejores escritoras en lengua castellana?*
- *Lo que te acabo de contar queda **entre tú** y **yo**.*

Los verbos pronominales

Son verbos que se construyen con el pronombre, como *acordarse: yo me, tú te, él se, nosotros nos, vosotros os, ellos se.*

Reflexivos

1 Cuando el sujeto y el objeto son la misma persona: *ducharse, peinarse.*
- ***Se ducha** todos los días.*

Recíprocos

2 Cuando los dos sujetos tienen una relación mutua, por lo que van siempre en plural: *amarse, abrazarse, pelearse, saludarse.*
- *Llevaban tanto tiempo sin verse que **se abrazaron** durante mucho tiempo.*

Cambio de significado

3 Algunos verbos cambian de significado según si se usan con o sin pronombres: *quedar / quedarse /quedarle (bien/mal):*
- *Quedamos mañana a las ocho, ¿vale?* = tener una cita.
- *La presentadora no se quedó en el plató después del debate.* = permanecer.
- *Creo que a la presentadora no le queda bien este peinado.* = no le favorece.

Sentarle (bien/mal) algo a alguien = *quedarle (bien/mal)* o *(no) gustar*
Pasárselo (bien/mal) = *divertirse*
Caerle (bien/mal) a alguien = *parecer simpático/antipático*
Ocurrírsele (algo a alguien) = *tener una idea*

LOS PRONOMBRES PERSONALES 17

1. Elija el pronombre adecuado: *se / le / les*.

1. No te preocupes, ya verás como, al final, todo se / le / les arregla.
2. Voy a llamar al electricista que se / le / les arregló la instalación a Nuria y Marta.
3. Él todavía no se / le / les ha convencido a sí mismo de que ha cometido un error.
4. La casa de la plaza se / le / les ha pertenecido siempre a ellos.
5. ¿Has visto lo bien que se / le / les sienta el campo a Alberto?
6. Mi padre siempre se / le / les sienta en el sillón al lado de la ventana.
7. Los animales no necesitan mucho, se / le / les basta con tener comida y espacio.
8. A ellas se / le / les resulta más fácil venir en coche que en tren.
9. Nunca se / le / les acostumbró a levantarse / levantarle / levantarles temprano.
10. Estos esquís son muy buenos, se / le / les deslizan por la nieve con facilidad.
11. No se / le / les compraron el piso porque el precio no se / le / les convencía mucho.
12. A mis abuelos se / le / les sentó fatal que no fuéramos a verlos.
13. A los niños no se / le / les gustó la comida, pero no se / le / les atrevieron a protestar.
14. Siempre ha sido muy desconfiado, no se / le / les fía de nadie.
15. • ¿Qué se / le / les ha pasado a Juana, por qué no ha venido?
    • Pues que se / le / les ha sentado mal la comida y se / le / les duele el estómago.
16. Vosotros sentaos aquí, ellos siempre se / le / les sientan allí.

Aciertos: .... **de 20**

2. Complete las frases con los pronombres adecuados.

1. No creo que David *se* encuentre tan solo como dices.
2. A ellos _____ parece que la situación es peor que antes.
3. ¿Sabes qué _____ ha sucedido a Pedro?
4. No debes quejar_____ . Hay mucha gente que está peor que _____.
5. Dice un proverbio: «Si lloras de noche, las lágrimas _____ impedirán ver las estrellas».
6. Tiraron tanto de la cuerda que al final _____ rompió.
7. Si el dinero no _____ alcanza, _____ queda el recurso de pedir un préstamo (a nosotros).
8. Muchas personas mayores necesitan que alguien _____ ayude.
9. Hija, estudia, ¡no _____ distraigas!
10. Eva _____ parece mucho a su padre en lo físico.
11. A los becarios _____ _____ exige trabajar sin remuneración alguna, ¡es una vergüenza!
12. Mi hermano está enfermo. Ayer _____ sintió mal y tuvimos que llevar _____ al hospital.

89

Ejercicios

13. Ella es tan famosa que, cuando va por la calle, la gente _____ reconoce y _____ pide autógrafos.
14. A mí no _____ faltan ofertas de trabajo.
15. A María, trabajar en la radio _____ entusiasma.
16. A los jóvenes de hoy no _____ interesa la política.
17. El director llamó para interesar_____ por la salud de su compañero de trabajo.
18. A nadie _____ debe sorprender que una mujer sea presidenta del Gobierno.
19. ¡Alfonso, prepára_____ y a ver si _____ cortas el pelo!
20. _____ dije a los niños que _____ fueran al cine.
21. A nadie _____ importa si vivo sola o acompañada.
22. Te dije que no _____ dieras la papilla al bebé. ¿Por qué _____ _____ has dado?
23. Ya _____ _____ advertí y tú no _____ hiciste caso.
24. Y a vosotros, ¿_____ apetece tomar algo en la terraza?
25. Cuando _____ dieron la noticia, _____ quedó de piedra.
26. La vida es corta, no debemos olvidar _____ de disfrutar de ella.
27. • ¿Dónde están mis tijeras?
    • Creo que tu hermana _____ puso en esa caja.
28. ¿Qué tal _____ _____ pasasteis vosotros en la excursión?

Aciertos: .... de 40

3. En estas frases, hemos quitado los pronombres de objeto directo (lo / la / los / las). Colóquelos en su sitio.

1. *Vaya tontería, eso sabe hacer cualquiera.*
   Vaya tontería, eso lo sabe hacer cualquiera.
2. Yo a la gente no juzgo, a la gente respeto.
3. A su gato vacunaron cuando tenía tres meses.
4. Este puente construyeron los romanos.
5. Castañas como estas solo venden en mi pueblo.
6. A tu prima no he visto desde hace más de un año.
7. Estos pasos de baile aún no hemos aprendido.

Aciertos: .... de 6

LOS PRONOMBRES PERSONALES 17

4. Complete con se + me / te / le / nos / os / les.

1. Cuando *se me* acabe el azúcar, empezaré a comprar miel.
2. Tengo que llamar al técnico, porque _____ ha estropeado el calentador.
3. Al niño _____ ha caído el reloj a la piscina y _____ ha averiado.
4. Hoy no podemos comer en casa, _____ ha quemado la comida.
5. • ¿Qué te pasa?
   • Que _____ han perdido las llaves del coche y estoy buscándolas.
6. Al volver de Viena, _____ paró el coche y nos quedamos tirados en la carretera.
7. La comida está sosa, ¿es que _____ ha olvidado echarle sal? *(a ti)*
8. Al final de la película _____ hizo un nudo en la garganta de la emoción. *(a mí)*
9. Solo de pensar en el miedo que pasé, _____ ponen los pelos de punta.
10. Julián y Antonio tenían un gato, pero _____ escapó hace unos días.
11. Y a vosotros, ¿qué?, ¿_____ ha pasado ya el enfado?
12. ¿A usted no _____ ha ocurrido pensar que a mí me molesta el humo?
13. _____ acaba de ocurrir una idea: ¿por qué no vamos de vacaciones a Galicia?

Aciertos: .... **de 13**

5. En estas frases hemos quitado estos pronombres. Colóquelos en su sitio.

> las   se (3)   les   me (4)   nos   te   la   lo   le (2)

1. Y las niñas, ¿no has visto?
   Y las niñas, ¿no las has visto?
2. Ella todos los días despierta muy pronto.
   _____
3. A algunos no ha sentado bien el cambio de gobierno.
   _____
4. Aunque he tomado una aspirina, aún duele la garganta.
   _____
5. A nosotros no corresponde decir si hace bien o mal.
   _____
6. Debes hacer caso a tu madre, ella sabe lo que conviene.
   _____
7. ¿Qué pasa a esta puerta?, no puede abrir.
   _____
8. Este niño pasa el día metido en su habitación.
   _____
9. A mí no gustó la ciudad, encontré sucia.
   _____
10. Cuando vi al barbero, acerqué a saludar.
    _____

Aciertos: .... **de 14**

LOS PRONOMBRES PERSONALES 17

6. Sustituya el pronombre marcado incorrecto por el adecuado.

1. Me gustaría ir *con ti* al circo. Me gustaría ir **contigo** al circo.
2. Volví la cabeza y no vi a nadie detrás de *yo*.
3. ¿Es que no te fías de *sí*?
4. Cuando volvió en *él*, preguntó por lo ocurrido.
5. ¿Vienes *con yo* a pasear?
6. No habéis contado *con nos* para ese proyecto.
7. Es demasiado exigente con los demás y *con sí* mismo.
8. Yo no me fío de nadie, ni siquiera de *yo* mismo.
9. Está tan ocupada que no tiene tiempo para dedicarse a *la* misma.
10. Yo pensaba que estabas enfadada *con mí*.
11. Entonces, según *ti*, ¿quién es el culpable de la crisis?
12. ¿Cómo pudiste irte sin *me*?
13. Vinieron todos a la fiesta excepto *ti*.
14. No he preparado la comida, pero tu padre o incluso *ti* podéis hacerlo.
15. Era guapa e inteligente, por eso él estaba enamorado de *sí*.
16. No necesitamos a nadie más, lo haremos entre *ti* y yo.
17. Salvo *ti*, todos lo criticaron a sus espaldas.
18. Para salvar el planeta hasta *ti* y yo tenemos que cambiar algunos hábitos.

Aciertos: .... de 17

TEMA 17 TOTAL aciertos: .... de 110

Tema 18

EXPRESAR ENTENDIMIENTO Y PERCEPCIÓN

Los verbos de entendimiento y percepción	
Verbo afirmativo Imperativo negativo Verbo negativo interrogativo *Parecer, creer, suponer, recordar* *Decir, explicar, contar, afirmar, saber*	+ *que* + indicativo
No parecer, no creer, no suponer, no recordar *No decir, no explicar, no contar, no afirmar, no saber*	+ *que* + subjuntivo / indicativo

Uso

Indicativo

1 Las oraciones que dependen de verbos que expresan entendimiento o percepción física o intelectual se usan con indicativo.

Cuando la oración principal es afirmativa:
- *Recuerdo que fuimos* a Asturias por Navidad.

Cuando la oración principal es imperativa negativa:
- *No creas que te vas* a salir con la tuya.

Cuando la oración principal es negativa e interrogativa:
- *¿No recuerdas que habíamos quedado* a las tres?

Subjuntivo

1 Las oraciones que dependen de verbos que expresan entendimiento o percepción física o intelectual se usan con subjuntivo:

Cuando la oración principal es negativa:
- *No suponía que estuvieras* en casa.

Indicativo

1 No obstante, se usa el indicativo cuando se habla de algo confirmado:
- *No recordaba que ya había pagado* el recibo del agua.
- *No sabía que te gustaba* tanto la música clásica.

EXPRESAR ENTENDIMIENTO Y PERCEPCIÓN 18

1. Complete estas frases con el verbo en el tiempo adecuado de indicativo.

1. *Lo oigo subir por la escalera y de pronto me doy cuenta de que ha estado allí todo el día. (estar, él)*
2. Al volver de las vacaciones, descubrieron que les _____ (robar)
3. Recuerdo que esta película la _____ hace unos dos meses. (ver, nosotros)
4. ¿Te acuerdas de cuando _____ en las cataratas de Iguazú? (estar, nosotros)
5. Recordé que el domingo anterior _____ en una fiesta y que _____ muchísimo. (estar, bailar, ellos)
6. Ellos opinaban que las nuevas elecciones las _____ los socialistas. (ganar)
7. Yo supuse que _____ hablando de la nueva dirección. (estar, ellos)
8. Cuando tengo jaquecas, siento que la cabeza me _____ a estallar. (ir)
9. No me acordé de que el banco ya _____ horario de verano. (tener)
10. Al revisar mi bolsa, me di cuenta de que _____ la sudadera en el gimnasio. (dejarse)
11. ¿No habías visto que los frenos del coche _____ muy desgastados? (estar)
12. Todavía no se ha enterado de que su vecino _____ el mes pasado. (morir)
13. Los investigadores no han descubierto en qué _____ el experimento. (consistir)
14. ¿No sabes que _____ dificilísimo entrar en esa universidad? (ser)
15. Ellos suponen que _____ un soltero que viaja mucho. (ser, yo)

Aciertos: .... de 15

2. Complete estas frases con el verbo en el tiempo adecuado de subjuntivo.

1. *Yo nunca pensé que fuera a ocurrir algo malo. (ir)*
2. No creo que, antes de este asunto, ella _____ de mí. (sospechar)
3. No suponía que los militares _____ ayudando en estas circustancias. (estar)
4. No recordamos que nuestros hijos nos _____ malas noches cuando eran pequeños, siempre dormían estupendamente. (dar)
5. No creía que él _____ la cara tan dura. Me ha pedido dinero otra vez. (tener)
6. No recuerdo que tú me _____ ese libro. (prestar)
7. Nunca he visto que Fernando _____ un detalle con nadie. (tener)
8. Yo no he notado que Ángela _____. La veo igual que siempre. (envejecer)

Aciertos: .... de 7

EXPRESAR ENTENDIMIENTO Y PERCEPCIÓN 18

3. Complete estas frases con los elementos del recuadro.

Entonces comprendí	Mi madre se convenció	No sabía	Yo no creía
No pensaba	No recuerdo	He observado	Supuse

1. *No pensaba* que fueran tan importantes para ti esas vacaciones.
2. _____ que tú hayas estado en París alguna vez.
3. _____ que no nos íbamos a entender.
4. _____ que Florencia fuera tan bonita.
5. _____ que ya no vendrías a verme hoy.
6. _____ que su hijo no ve bien de lejos.
7. _____ que Elena y Felipe estaban casados.
8. _____ de que era mejor dejar a mi padre.

Aciertos: ……… de 7

4. Complete las frases con uno de los verbos del recuadro en indicativo.

afectar   ir (2)   colocar   poder

1. *No creas que siempre te vas a salir con la tuya.*
2. No penséis que a mí este problema no me _____
3. No olvides que fui yo quien lo _____ ahí.
4. No te imagines que tú solo _____ hacerlo.
5. No creas que los Reyes Mayos _____ a traerte todo lo que pidas.

Aciertos: ……… de 4

5. Complete estas frases con el verbo en el tiempo y modo más adecuados.

1. *No me imaginaba que estuviera tan enfadada. (estar)*
2. No creo que Julia _____ todas las asignaturas en junio. (aprobar)
3. ¿Te he despertado? Pensaba que no _____ todavía. *[acostarse]*
4. No comprendo que nunca _____ dinero, con lo que ganan. (tener)
5. No creas que todo el mundo _____ tan vago como tú. (ser)
6. Me enteré de que el verano pasado _____ un accidente porque me lo dijo tu primo Juan. (tener, tú)
7. No pensaba que su marido _____ tan bueno cocinando. (ser)
8. ¿Te has dado cuenta de que Marisa _____ hoy más guapa? (estar)
9. No creía que los niños _____ capaces de romper el patinete. (ser)
10. Ella no pensó que tú _____ como lo has hecho. (reaccionar)
11. No recuerdo que tú me _____ el domingo. (llamar)
12. Supongo que no _____ inconveniente en hacerme ese favor. (tener)

Aciertos: ……… de 11

TEMA 18   TOTAL aciertos: ……… de 44

Tema 19

U LAS ORACIONES CONCESIVAS

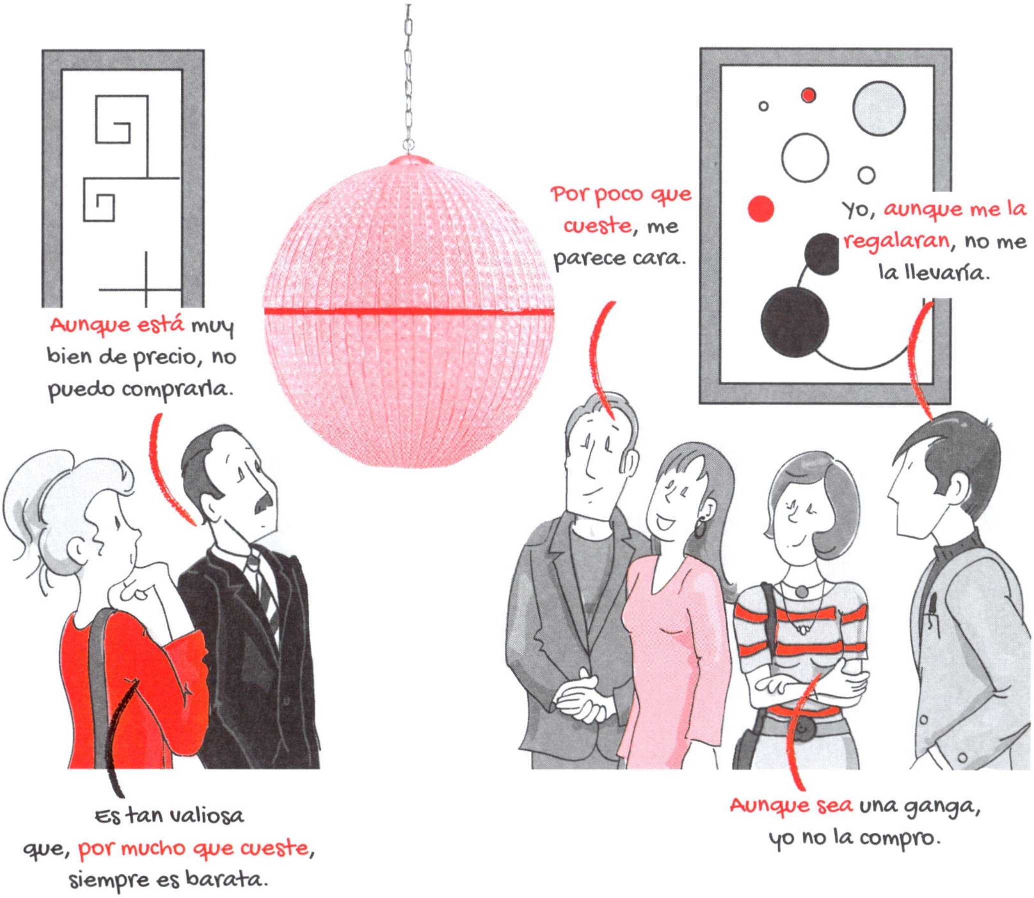
Aunque está muy bien de precio, no puedo comprarla.
Por poco que cueste, me parece cara.
Yo, aunque me la regalaran, no me la llevaría.
Es tan valiosa que, por mucho que cueste, siempre es barata.
Aunque sea una ganga, yo no la compro.

Las oraciones concesivas	
Aunque, por más que, por mucho que, por poco que	+ indicativo / subjuntivo
Aun cuando	+ indicativo / subjuntivo
A pesar de	+ infinitivo
A pesar de que	+ subjuntivo
Por más, mucho, muy, poco	+ (adjetivo) + *que* + subjuntivo

Uso

Aunque, por más / mucho que

Las oraciones subordinadas concesivas introducidas por estos nexos pueden llevar el verbo en indicativo o subjuntivo.

Indicativo

1 Cuando hablamos del pasado:

- *Ayer, **aunque no tenía** ganas, salí a dar un paseo.*
- ***Por más que le insistí**, no quiso venir conmigo.*

Cuando hablamos del presente o futuro, y si el hablante está muy seguro, o si la concesiva indica una dificultad real:

- ***Aunque no tengo** ganas, voy a salir a dar un paseo.*
- ***Aunque hace** frío, no quiere encender la calefacción.*

Subjuntivo

2 Cuando hablamos del futuro, y si no estamos seguros, o cuando la concesiva indica una dificultad potencial:

- ***Aunque haga** frío, no encenderá la calefacción.*
- ***Por más que estudies** la semana próxima, no aprobarás.*

No obstante, se usa el subjuntivo en ocasiones en las que el hablante está seguro de la concesión, pero, aun así, él no la considera una dificultad real:

- ***Aunque me haya enfadado contigo**, yo te quiero.*
- ***Aunque haga frío**, yo quiero salir de todos modos.*

La concordancia de tiempos

3 El tiempo de la oración principal determina el tiempo de la oración subordinada:

- *Aunque él **sabía** la verdad, no nos **dijo** nada.*
- *Aunque **sabe / sepa** la verdad, no nos **dirá** nada.*
- *Aunque **supiera** la verdad, no nos **diría** nada.*
- *Aunque **hubiera sabido** la verdad, no nos **hubiera dicho** nada.*

A pesar de (que)

1 Se usa generalmente con infinitivo o indicativo:

- ***A pesar de llevar** veinte años en Madrid, conserva el acento andaluz.*
- ***A pesar de que llegó** tarde, nadie le dijo nada.*

Por muy / poco + (adjetivo) + que

1 Se usa con subjuntivo:

- ***Por muy barato que sea**, no lo compres.*
- ***Por muy barato que fuera**, no tenías que haberlo comprado.*

LAS ORACIONES CONCESIVAS — 19

1. Transforme estas frases siguiendo el modelo.

1. Por mucho que lo intento, no consigo animarlo.
   Por mucho que lo intentes, no conseguirás animarlo.
2. Por mucho que lo lavo, no logro quitarle esa mancha al mantel.
3. Por mucho que se esfuerza, no aprueba todas las asignaturas.
4. Por mucho que le digo que se calle, no me hace caso.
5. Por mucho que corro, no llego nunca a tiempo.
6. Por mucho que como, no engordo.
7. Por mucho que le insisto, no quiere venir con nosotros.

Aciertos: .... **de 6**

2. Complete las frases con el verbo que va entre paréntesis, en indicativo.

1. Aunque *he ido* varias veces allí, ya no recuerdo bien cómo se va. (ir, yo)
2. Por más vueltas que le _____, no comprendo cómo me ha podido pasar esto a mí. (dar, yo)
3. A pesar de que _____ veinte años, se comporta como un niño de diez. (tener)
4. Por más agua que _____, nunca tiene bastante. (beber, ella)
5. Aunque _____ poquísimo, siempre aparece relajada y contenta. (dormir)
6. Por más que le _____, no dijo dónde había pasado las últimas cuarenta y ocho horas. (preguntar, ellos)
7. A pesar de todo lo que me _____ el otro día, no te guardo rencor. (decir, tú)
8. Por más que _____ las entradas, no las encontramos por ninguna parte. (buscar, nosotros)
9. A pesar de que se lo _____, al final fue a la cena sola. (advertir, yo)
10. Aunque _____ que no _____ hambre, nos volvió a servir. (saber, él; tener, nosotros)
11. A pesar de que _____ muy enfermo del corazón, no para de trabajar. (estar, él)
12. A pesar de que nunca _____ de su país, conoce bien las costumbres de distintos países del mundo. (salir, ella)

Aciertos: .... **de 12**

3. En las frases siguientes, haga la transformación según el modelo.

1. Aunque parezca simpático, no te fíes de él.
   Por muy simpático que parezca, no te fíes de él.

Ejercicios

2. Aunque sea atractivo, no lo compres.
3. Aunque sea muy tarde, llámanos cuando llegues.
4. Aunque esté muy viejo, no lo tires.
5. Aunque sea muy guapo, no lo contratarán para esa película.
6. Aunque esté muy cansada, pasará por aquí después del trabajo.
7. Aunque vaya muy rápido, no llegará a tiempo.

Aciertos: .... de 6

4. Complete las frases con el verbo que va entre paréntesis en el tiempo adecuado de subjuntivo.

1. No sé exactamente qué le pasa a tu hermano, pero aunque lo *supiera*, no te lo diría. *(saber, yo)*
2. Aunque _____ menos en esta empresa, yo sé que voy a estar a gusto. *(ganar, yo)*
3. Pensaba que, por mucho que _____, ya no vería otra vez su país. *(vivir, él)*
4. Por más que _____, no lograrás convencerla. *(insistir, tú)*
5. Por más que te _____, debes seguir y sacar tus conclusiones. *(doler)*
6. Por muy cómodo que _____ ese sofá, no me lo puedo llevar, es grandísimo. *(ser)*
7. Por muy mal que lo _____, lo hará mejor que ella, que era pésima. *(hace, él)*
8. ¿Sabes ese refrán que dice: «Aunque la mona _____ de seda, mona se queda»? *(vestirse)*
9. Si sigues comiendo tanto, por mucha gimnasia que _____, no adelgazarás. *(hacer, tú)*
10. Mi jefa estaba dispuesta a llegar hasta el final de la investigación, aunque le _____ el puesto de trabajo. *(costar)*

Aciertos: .... de 9

5. Subraye el verbo adecuado.

1. Aunque en aquel tiempo no *quería / quiera* reconocerlo, todavía no se había repuesto de su enfermedad.
2. Por más antibióticos que le *di / diera*, no se le curó la infección.
3. Por muy increíble que te *parece / parezca*, yo nunca he estado en una discoteca.
4. Yo sabía que, por más que se *empeñó / empeñara*, nunca obtendría el título.
5. Aunque *sabe / sepa* que me molesta mucho, vuelve a casa cada día a las tantas.

LAS ORACIONES CONCESIVAS 19

6. A pesar de que les *dijeron / dijeran* que estaba enferma, no fueron a verla.
7. Aunque *es / fuera* el director general, no tiene derecho a pedirme que trabaje por dos.
8. Por más libros de Medicina que *he leído / leyera*, no he encontrado nada sobre esa enfermedad.
9. De pequeños, en invierno, aunque *hacía / haga* un frío horrible, teníamos que ir andando al colegio, que estaba a 5 km de nuestra casa.
10. Por mucho que *corres / corras*, ya no alcanzarás el autobús de las tres.
11. No le dije nada, pero aunque se lo *diga / dijera*, no serviría de nada.
12. Era muy inteligente: por muy difícil que *era / fuera* la pregunta, siempre encontraba la respuesta.
13. Yo, aunque no me *he casado / casara* nunca, he tenido varias relaciones estables.
14. A pesar de que el Gobierno *anunció / anuncie* la semana pasada que impondrá fuertes multas, seguirá habiendo fraude fiscal.
15. Aunque Juana y yo nos *conocemos / conociéramos* desde hace mucho tiempo, nunca hemos hablado íntimamente.
16. Por más que todos *dijeron / dijeran* el otro día que esa película era buenísima, yo la he visto y pienso que no es buena.
17. Aunque ella *era / sea* organizada, a veces se dejaba llevar por la imaginación.
18. Tú dijiste que, aunque *hacía / hiciera* mal tiempo, *iremos / iríamos* a la playa.

Aciertos: .... **de 18**

6. Reescriba las frases siguientes utilizando los conectores que aparecen entre paréntesis.

1. *No les gustaba mucho la casa, pero se la compraron. (aunque)*
   Aunque no les gustaba mucho la casa, se la compraron.
2. Había mucho tráfico, pero conseguí llegar a tiempo.
   _____ (a pesar de que)
3. Estás aquí a las ocho en punto, pero no vamos a ir.
   _____ (aun cuando)
4. No encuentra lo que busca, pero avíseme.
   _____ (aunque)
5. Llovía, pero no fuimos al campo.
   _____ (por mucho que)
6. Es muy rico, pero no lo parece.
   _____ (aunque)
7. Me lo pide mi mejor amigo, pero no iré.
   _____ (aun cuando)
8. Aprueba todo el curso, pero no iremos de vacaciones.
   _____ (aunque)
9. Hay peligro en las carreteras, pero podremos salir de viaje.
   _____ (a pesar de que)
10. Entré sin hacer ruido y me oyeron.
    _____ (por más que)

Aciertos: .... **de 9**

TEMA 19 **TOTAL aciertos:** .... **de 60**

Tema 20

LOS PREFIJOS Y SUFIJOS

Los prefijos de formación de adjetivos, nombres y verbos

Pre	A	In	Im	Re
*pre*natal	*a*moral	*in*feliz	*im*posible	*re*hacer
*pre*visión	*a*típico	*in*mortal	*im*bebible	*re*habilitar

Ir	Des	Dis	En	
*ir*reconocible	*des*contento	*dis*capacidad	*en*vejecer	
*Ir*responsable	*des*conectar	*dis*función	*en*rojecer	

Los sufijos de formación de adjetivos

able / ible	-oso	-ivo	ente / ante
am*able*	calur*oso*	posit*ivo*	evid*ente*
dispon*ible*	ruid*oso*	competit*ivo*	estimul*ante*

-al	-ico	-ario	
leg*al*	psicológ*ico*	aliment*ario*	
habitu*al*	práct*ico*	complement*ario*	

Los sufijos de formación de nombres

-cia	-dad	-ismo	-eza	-ción	-miento	-dor
pacien*cia*	capaci*dad*	oportun*ismo*	rar*eza*	peti*ción*	agota*miento*	gana*dor*

Uso

Prefijos

1 Para formar el contrario de algunos adjetivos se utiliza el prefijo *in-*, que se escribe de modo diferente *(i-, im-, in-, ir-)*, según cómo empiece el adjetivo:

- lógico – *i*lógico
- cierto – *in*cierto
- posible – *im*posible
- responsable – *ir*responsable

2 Con el prefijo *des-* se puede formar el contrario de numerosos verbos y adjetivos:

- componer – *des*componer
- honesto – *des*honesto

Sufijos

1 Para formar nombres abstractos, los sufijos más usados son *-cia, -dad / -tad, -ismo, -eza, -ción, -miento, -dor*:

- paciente – la pacien*cia*
- capaz – la capaci*dad*
- oportuno – el oportun*ismo*
- raro – la rar*eza*
- pedir – la peti*ción*
- agotar – el agota*miento*
- ganar – el gana*dor*

Ejercicios

1. Complete según el modelo.

	-cia		-idad
1. paciente	paciencia	9. capaz	capacidad
2. inocente	_____	10. honesto	_____
3. violento	_____	11. actual	_____
4. resistente	_____	12. fácil	_____
5. _____	independencia	13. _____	clandestinidad
6. _____	inteligencia	14. _____	originalidad
7. _____	evidencia	15. _____	tranquilidad
8. preferente	_____	16. feliz	_____

	-eza		-ismo
17. raro	rareza	25. oportuno	oportunismo
18. limpio	_____	26. compañero	_____
19. firme	_____	27. egoísta	_____
20. perezoso	_____	28. altruista	_____
21. _____	belleza	29. _____	realismo
22. _____	riqueza	30. _____	idealismo
23. _____	certeza	31. _____	nerviosismo
24. duro	_____	32. egocéntrico	_____

Aciertos: .... de 28

2. Complete siguiendo el modelo.

	-miento		-encia
1. pensar	pensamiento	8. creer	creencia
2. aburrir	_____	9. competir	_____
3. mirar	_____	10. insistir	_____
4. sentir	_____	11. obedecer	_____
5. _____	entendimiento	12. _____	coincidencia
6. _____	movimiento	13. _____	competencia
7. _____	nacimiento	14. _____	preferencia

	-ción		-dor
15. obligar	obligación	22. fumar	fumador
16. construir	_____	23. entrenar	_____
17. aparecer	_____	24. descubrir	_____
18. informar	_____	25. _____	emprendedor
19. _____	relajación	26. _____	investigador
20. _____	conducción	27. regular	_____
21. _____	excitación	28. desmaquillar	_____

Aciertos: .... de 24

LOS PREFIJOS Y SUFIJOS 20

3. Escriba los nombres correspondientes a los adjetivos que siguen.

1. amable — *amabilidad*
2. legal — *ley*
3. caluroso
4. habitual
5. histórico
6. repetitivo
7. conveniente
8. ruidoso
9. temible
10. opcional

Aciertos: .... de 8

4. Escriba el adjetivo correspondiente a los nombres. Utilice los sufijos -able, -al, -ico, -oso, -ente, -ivo.

1. nación — *nacional*
2. poder
3. poesía
4. filosofía
5. odio
6. imaginación
7. influencia
8. ofensa
9. economía
10. inteligencia
11. recomendación
12. hábito
13. crimen
14. representación
15. profesión
16. olor
17. trato
18. cariño
19. rencor
20. dolor

Aciertos: .... de 19

5. Forme el contrario de los adjetivos que siguen. Utilice -i, -ir, -im, -in.

1. lógico — *ilógico*
2. útil
3. legible

4. potente
5. permeable
6. resistible
7. capaz
8. posible
9. legal
10. oportuno
11. real
12. sensato
13. coherente
14. moral
15. experto
16. presentable

Aciertos: .... de 15

6. Complete las frases con un adjetivo o un verbo conjugado. Sobran cuatro.

> desobediente   descapotable   desenchufar   desembarcar   desarmar
> desentrenadas   desandar   descolgar   **desaparecer**   desatascar
> deshonesto   descomponer   desconocidos

1. Ganó al Euromillón 6 000 000 de euros y *desapareció*.
2. ¿Estás seguro de que _____ la tele?
3. Tenemos que llamar al fontanero para que _____ el fregadero.
4. Las jugadoras han jugado fatal, estarán _____, hace mucho que no juegan.
5. La profesora de Jaime me ha dicho que en clase es muy _____.
6. ¿Sabes que Cristina se ha comprado un coche _____?
7. Los pasajeros del crucero tuvieron que _____ apresuradamente porque se había recibido una amenaza de bomba.
8. Juan, ¿quieres hacer el favor de _____ ese cuadro? Voy a cambiarlo de sitio.
9. Nos hemos equivocado de camino, me temo que tenemos que _____ lo que hemos recorrido hasta ahora.

Aciertos: .... de 8

7. Complete según el modelo.

1. sobrevivir — *supervivencia* — *superviviente*
2. _____ — aislamiento — _____
3. confiar — _____ — _____
4. recomendar — _____ — _____
5. impresionar — _____ — _____
6. _____ — resistencia — _____
7. _____ — depresión — _____
8. _____ — _____ — vidente
9. ansiar — _____ — _____

LOS PREFIJOS Y SUFIJOS 20

10. _____   _____   saliente
11. prever
12. _____   _____   presente
13. traicionar
14. liberar
15. _____   _____   receptor
16. reservar

Aciertos: .... de 30

8. Complete las frases siguientes con una de las palabras del ejercicio anterior.

1. Maribel todavía no se ha repuesto de la *impresión* que le causó el accidente que vio en la carretera.
2. El juez ha decretado la _____ bajo fianza del acusado.
3. La llave de la habitación tienes que dejarla en _____ cuando salgas del hotel.
4. El tiempo _____ para mañana es de tormentas en la montaña.
5. Después de separarse de su mujer, ha caído en una fuerte _____ . Nada le hace reaccionar.
6. Le gusta mucho ir a la _____ para que le pronostique el futuro.
7. Yo tengo plena _____ en mis hijos.

Aciertos: .... de 6

9. Diga de qué nombres o adjetivos se derivan los verbos siguientes.

1. enmudecer — *mudo*
2. envejecer
3. tranquilizar
4. revolucionar
5. independizar
6. anochecer
7. cristalizar
8. utilizar
9. fortalecer
10. rejuvenecer
11. gotear
12. adelgazar
13. engordar
14. clarificar
15. entristecer

Aciertos: .... de 14

TEMA 20   TOTAL aciertos: .... de 153

Tema 21

u LAS FRASES HECHAS

Ejemplos de expresiones	
Tirar por la borda	Pasarse el día mano sobre mano
Mirar a alguien por encima del hombro	Estar con el agua al cuello
No dar ni golpe	Hablar por los codos
Dar la lata	Hacer la vista gorda
Tirarse de los pelos	Dar en el clavo

Uso

Las frases hechas y expresiones idiomáticas, junto con los refranes, proverbios y aforismos, tienen forma fija y sentido figurado. Son muy usados y son tan numerosos que conviene comprobar su significado para utilizarlos adecuadamente.
Pueden tener una relación temática:

1 Animales o alimentos:

Haber gato encerrado	Haber algo oculto o sospechoso
Estar como una cabra	Estar loco
Tener memoria de pez	No tener memoria
Tener mala leche	Tener mal carácter
Importar un pepino/pimiento	No importar nada
Ser la pera	Ser excepcional

2 Colores o partes del cuerpo:

Quedarse en blanco	No saber qué decir
Ponerse negro	Enfadarse
No haber color	No haber comparación
Costar un ojo de la cara	Ser muy caro
Ser como uña y carne	Ser inseparables
Tomar el pelo	Reírse/burlarse de alguien

LAS FRASES HECHAS 21

1. Relacione cada expresión con su significado.

1. Tener la sartén por el mango.
2. Tener mala pata.
3. Hacer la vista gorda.
4. No dar golpe.
5. Dar la lata.
6. Ir con pies de plomo.
7. Al pie de la letra.
8. Echar tierra a algo.

a. *Tener el poder.*
b. No trabajar.
c. Literalmente.
d. Tener mucho cuidado.
e. Esconder un asunto feo.
f. No tener en cuenta alguna falta.
g. No tener suerte.
h. Molestar insistentemente.

Aciertos: .... de 7

2. Sustituya las expresiones subrayadas por otras en las que no aparezca el verbo *echar*. Haga las transformaciones necesarias.

1. Vamos a echar a suertes quién se encarga de hacer la comida hoy.
   Vamos a *sortear* quién se encarga de hacer la comida hoy.
2. Cuando llegó a su casa, echó en falta la cartera y las llaves del coche.
3. No te olvides de echar el cerrojo antes de acostarte.
4. Ella, muy enfadada, le echó una mirada fulminante.
5. Para cerrar el trato, eche una firma aquí.
6. Él, si no se echa una hora de siesta, se pone de mal humor.
7. Será mejor que tires todo el pescado a la basura. Parece que está echado a perder.
8. Mira a ver si hay una gasolinera cerca, tenemos que echar gasolina ya.
9. ¡Cómo pasa el tiempo!, sin darnos cuenta se nos han echado encima las Navidades.

Aciertos: .... de 8

3. Complete las frases que siguen con una de las expresiones del recuadro.

> pillar (a alguien) con las manos en la masa   al pie del cañón
> con pelos y señales   hacérsele (a alguien) la boca agua
> de boca en boca   costar un ojo de la cara
> caérsele (a alguien) el pelo   no tener ni pies ni cabeza
> tener pelos en la lengua   dar pie con bola

109

Ejercicios

1. Sofía en su trabajo no descansa nunca, está todo el día *al pie del cañón*.
2. Cuando llegó la policía, los ladrones no habían salido y los _____
3. A mi madre no le importa decir siempre lo que siente, no _____
4. A mucha gente, cuando ve el escaparate de una pastelería, _____
5. La prensa fue silenciada y las noticias de la rebelión se propagaron _____
6. Bueno, no hace falta que nos cuentes esa historia tan macabra _____
7. Cuando tu madre se entere de que has suspendido cinco asignaturas, prepárate, _____
8. Eso que cuentas es absurdo, _____
9. No sé qué me pasa hoy, nada me sale bien, no _____
10. ¡Chica, qué coche tan impresionante te has comprado!, seguro que te _____

Aciertos: .... de 9

4. Lea las 9 frases y elija la frase hecha correspondiente.

> Ponte las pilas.   Está tirado.   No me tomes el pelo.
> Me importa un pepino.   Está como una cabra.
> Me pongo como un tomate.   Ha metido la pata.
> No hay color.   Es un pelota.

1. Este chico está completamente loco. *Está como una cabra.*
2. Puedes hacer lo que quieras, me da igual. _____
3. Lo paso mal cuando veo a alguien que me gusta. _____
4. Tu hermano ha cometido un error. _____
5. No se puede comparar, este es mucho mejor. _____
6. No te rías de mí. _____
7. Si quieres llegar a tiempo, date prisa. _____
8. Siempre le dice a su jefe que tiene razón. _____
9. Este ejercicio es muy fácil. _____

Aciertos: .... de 8

LAS FRASES HECHAS 21

5. Averigüe qué significan las expresiones siguientes y escriba un ejemplo de cada una.

1. *Hablar (hasta) por los codos: Hablar mucho.*
   El profesor ha castigado a Miguel porque en clase habla por los codos.
2. Buscarle tres pies al gato.

3. En pie de guerra.

4. No tener un pelo de tonto.

5. Tomar el pelo.

6. Levantarse con el pie izquierdo.

7. Tener malas pulgas.

8. Ser un caradura.

9. Estar con el agua al cuello.

10. Matar el tiempo.

11. Sentar la cabeza.

12. Metérsele en la cabeza.

13. Dar en el clavo.

Aciertos: .... de 12

TEMA 21 TOTAL aciertos: .... de 44

Tema 22

LA ACENTUACIÓN

La acentuación de las palabras

Clasificación de las palabras según el lugar de la sílaba tónica

● ○ ○	○ ● ○	○ ○ ●
Esdrújulas	Llanas	Agudas
m**ú**sica	**á**rbol	cal**or**
m**é**dico	ex**a**men	pregun**tar**
peri**ó**dico	cr**i**sis	caf**é**
s**í**laba	vent**a**na	quiz**ás**
árboles	acei**tu**na	casuali**dad**
r**é**gimen	f**á**cil	can**ción**

Diptongo:
vocal abierta + vocal cerrada: *bai-le, rei-no, au-llar*
vocal cerrada + vocal abierta: *a-vión, a-gua, fre-cuen-cia*
vocal cerrada + vocal cerrada: *ciu-dad, rui-na, rui-se-ñor*

Hiato:
vocal abierta + vocal abierta: *ví-de-o*
vocal cerrada tónica + vocal abierta: *rí-o*

Uso

En español, las palabras pueden ser **tónicas** o acentuadas –cuando una de sus sílabas sobresale en intensidad–, o **átonas** o inacentuadas, si ninguna sílaba es más intensa que el resto.

Son **palabras tónicas**: los nombres, adjetivos, verbos, algunos adverbios y algunos pronombres.

Son **palabras átonas**: algunos pronombres, algunos adverbios, los artículos, preposiciones y conjunciones, ya que en la cadena hablada se pronuncian apoyándose en la palabra siguiente:

- *el árbol; con amor; cuando quieras*

Ubicación de la sílaba tónica

1. Agudas, cuando la sílaba tónica es la última: *Profesor, bebé, amistad*

2. Llanas, cuando la sílaba tónica es la penúltima: *Flores, enfermo, hábil*

3. Esdrújulas, cuando la sílaba tónica es la antepenúltima o la anterior a esta:
   Teléfono, política, crítica

Reglas de acentuación

1. Las palabras agudas llevan tilde si acaban en vocal, en –n o en –s:
   - *habló, recepción, comí, chalé, atención, cafés.*

2. Las palabras llanas llevan tilde si acaban en una consonante diferente de –n o –s:
   - *fácil, mármol, González, cárcel.*

3. Las palabras esdrújulas deben llevar tilde siempre:
   - *ácido, fúnebre, óptimo, legítimo.*

Uso

Monosílabos

1 Las palabras monosílabas no llevan tilde, excepto en el caso en que puedan confundirse con otras monosílabas con diferente función:

té (nombre)
- *A mí no me gusta mucho el **té**.*

te (pronombre personal)
- *Alba, **te** quiero.*

sí (pronombre y adverbio)
- *Vive muy encerrado en **sí** mismo.*
- *¿Quieres correr?*
- ***Sí**, ya voy.*

si (conjunción condicional)
- ***Si** quieres comer, ven ahora mismo.*

dé (verbo *dar*)
- *Dile que te **dé** el cuaderno.*

de (preposición)
- *¿**De** dónde vienes?*

sé (verbo *saber* y *ser*)
- *No **sé** nada.*
- ***Sé** buen chico.*

se (pronombre personal)
- ***Se** llama Felipe.*

mí (pronombre)
- *¿Esto es para **mí**?*

mi (posesivo)
- ***Mi** coche está aparcado ahí.*

tú (pronombre)
- *¿Eres **tú** el hijo de Lorena?*

tu (posesivo)
- *Es **tu** problema, pero te puedo ayudar.*

él (pronombre)
- *¿**Él** no quiere comer?*

el (artículo)
- ***El** cartero ha traído esto.*

qué (interrogativo)
- *Dime **qué** quieres.*

que (conjunción o relativo)
- *Sé **que** tienes mucho talento.*
- *El vestido **que** lleva Carolina me encanta.*

Interrogativos y relativos

1 **cuándo, dónde, cómo, cuánto** (interrogativos)
- *¿**Cuándo** y **dónde** te vas de vacaciones?*

2 **cuando, donde, como, cuanto** (relativos)
- *Iré **cuando** les venga bien.*
- *Haz **como** quieras: puedes venir **cuando** hayas acabado este trabajo.*

LA ACENTUACIÓN 22

Diptongo e hiato

1 Las vocales se pueden agrupar en forma de diptongo (dos vocales, una abierta y una cerrada, o dos vocales cerradas) y forman una sola sílaba:

- *far-ma-cia, pei-ne, se-cre-ta-ria, a-gua.*

2 Si el acento fónico recae sobre la vocal cerrada, se deshace el diptongo y tenemos un hiato. La vocal sobre la que recae el acento lleva tilde en todos los casos, aunque no le corresponda según las reglas de acentuación:

- *rí-o, se-cre-ta-rí-a, pa-ís.*

3 También se considera hiato la combinación de dos vocales abiertas. En este caso, se siguen las reglas de acentuación ordinarias:

- *ca-ó-ti-co, le-ón, hé-ro-e.*

Palabras compuestas

Las palabras compuestas llevan tilde en los siguientes casos:

1 Verbo + pronombre.

La palabra resultante de la unión de un verbo y un pronombre sigue las normas generales de acentuación:

- *Deme esos papeles* (palabra llana).
- *Démelos, por favor* (palabra esdrújula).

2 Adverbios en *–mente*.

Llevan tilde si el adjetivo original la lleva.

Fácil + mente ⟶ fácilmente

Interrogativos y exclamativos

1 Los pronombres, adjetivos y adverbios interrogativos o exclamativos llevan tilde, tanto en oraciones interrogativas directas como indirectas:

- ¿**Cuándo** vendrá Ángeles?
- Pregúntale **dónde** vive.
- Dile **cómo** te llamas.
- No sé **cuánto** vale.

Ejercicios

1. **Lea en voz alta y subraye la sílaba que se pronuncia más fuerte. Ponga la tilde. Escriba el criterio con el que las palabras están agrupadas.**

   1. arroz   reloj   rapidez   cartel   verdad   receptor
      Son todas agudas y no llevan tilde porque ninguna termina en vocal, n o s.
   2. minimo   organo   tipico   escribelo   video   cardiologo
      _____
   3. volvieron   vino   olvido   opio   bigote   hablo
      _____
   4. vendria   rio   heroina   Maria   ahi   mio
      _____
   5. tambien   nacion   despues   detras   volvio   alli
      _____
   6. lapiz   util   automovil   dificil   Perez   marmol
      _____

   Aciertos: ………   de 30

2. **Separe en sílabas estas palabras y señale los hiatos y diptongos.**

   1. radio, *ra-dio*. Diptongo.
   2. persiana   _____
   3. diciembre   _____
   4. alegría   _____
   5. óleo   _____
   6. cruel   _____
   7. guion   _____
   8. paella   _____
   9. opio   _____
   10. escuela   _____
   11. oído   _____
   12. cliente   _____
   13. peine   _____
   14. vuelvo   _____
   15. país   _____
   16. lío   _____
   17. infiel   _____
   18. actuación _____
   19. correos   _____

   Aciertos: ………   de 18

LA ACENTUACIÓN 22

3. Piense qué tipo de palabras son las siguientes y si llevan tilde o no.

1. calor. *Aguda, sin tilde.*
2. azul
3. calido
4. regimen
5. examen
6. detras
7. carnaval
8. pan
9. fue
10. arboles
11. japones
12. japonesa
13. rapidez
14. tomaron
15. canciones
16. libreria
17. pildora
18. caracter
19. bebio
20. renovar
21. nariz
22. estupido
23. tuvo
24. tipico
25. sofa

Aciertos: .... de 24

4. En las frases siguientes hemos quitado las tildes. Escríbalas.

1. • ¿Quieres venir conmigo?
   • *Sí*, ahora voy.
2. Sal a la calle para que te de el aire.
3. Hablame de Daniel, hace mucho que no se nada de el.
4. A mi no me han traido nada los Reyes Magos.
5. Toma, esto es para ti y esto para mi.
6. El que haya terminado de leer el articulo que levante la mano.
7. ¿Te has tomado el te?
8. Trabaja con el en el mismo edificio.
9. Yo lo se porque el mismo me lo ha dicho.
10. Si tienes prisa, cuando el operado vuelva en si, te puedes ir.
11. Yo creo que si que me ha visto, pero no ha querido saludarme.
12. Antes de marcharse de su casa, su abuela le dijo: «Se siempre tu misma».

Aciertos: .... de 11

5. En las frases siguientes acentúe las palabras subrayadas que lo necesiten.

1. ¿Con *cuánto* dinero te has quedado?
2. El que sepa la verdad, que la diga.
3. No sé que le pasa.
4. Hazlo como yo te digo.
5. ¿El pueblo en el que naciste está cerca de aquí?
6. Dime que has hecho en toda la mañana.
7. ¿Sabes que te he estado buscando?
8. Yo no sé que quieres.

9. ¡Que tengas suerte!
10. ¿El hotel donde habéis estado es muy caro?
11. ¡Que desastre!
12. Cuando llegues, escribe o llama por teléfono.
13. ¿En que hotel habéis estado?
14. ¿Conoces algún sitio donde podamos comer bien?
15. Pregunta quien ha llegado primero.
16. No sé por que tienes las ventanas cerradas.
17. En cuanto venga el médico, le diré que pase por su casa.
18. Pregúntales donde han estado de vacaciones.
19. ¿Que dices? ¿Que yo no sé conducir? Tú sí que no tienes ni idea.
20. ¿Quien ha dicho que mañana no hay clase?
21. Dice el refrán que: «Quien bien te quiere, te hará llorar».

Aciertos: .... de 25

6. En las frases siguientes, acentúe las palabras que lo necesitan.

1. *Si puede, mañana Eugenia irá a tu casa.*
2. No olvideis que teneis que estudiar la leccion.
3. Aunque tuvieramos razon, tendriamos que callarnos.
4. Antes escribia siempre con boligrafo, pero ahora prefiero el ordenador.
5. El primer libro que leyo fue *Las mil y una noches*.
6. El creia que yo tenia la culpa del accidente.
7. Todavia no se puede hablar de exito o fracaso.
8. Actualmente los embalses estan llenos del agua caida durante el invierno.
9. Dejame tu boligrafo, no se donde he puesto el mio.
10. ¡Que calor hace aqui!
11. ¿Conoceis el ultimo tema de Pablo Alborán?
12. El niño saludo timidamente cuando se lo pidieron.
13. Miralo, alli esta el coche de Sara.
14. La vegetacion en la parte sur es mas frondosa y agradable.

Aciertos: .... de 32

7. Acentúe las palabras que lo requieran.

1. invitacion	*invitación*	10. abogados	
2. nordico		11. tren	
3. hipotesis		12. increible	
4. oir		13. habitacion	
5. autor		14. jamas	
6. gracias		15. salis	
7. ridiculo		16. linea	
8. pajaros		17. almacen	
9. comite		18. teoria	

LA ACENTUACIÓN 22

19. ciudad
20. miedo
21. carcel
22. simbolo
23. maquina
24. llovio
25. avisar
26. debia
27. museo
28. pidio
29. ibais
30. crimen

Aciertos: ……… de 29

8. En los párrafos siguientes, acentúe las palabras que lo requieran.

a. Cuando vivia en Valencia, vino a verme un colega que se llamaba Andres Gonzalez. Llego para un dia, pero estuvimos hablando todo un fin de semana. Me caia bien, asi que le invite a tocar la guitarra conmigo. Aquel fue su debut, en un cafe. Su actuacion fue tan intensa que parecia estar dejando atras toda su vida. Toco cinco canciones sin mirar atras ni una sola vez.

b. Mi hija Paula entro en coma el 6 de diciembre de 1991 y murio exactamente un año despues. Durante el tiempo que permaneci a su lado en un hospital de Madrid, llene varios cuadernos con todo lo que pensaba contarle cuando despertara… Cuando despues de morir mi hija, llego ese dia, me hallaba todavia en estado de «shock». Mi nuera, mi hijo y mi marido me dijeron: «Sientate y escribe cualquier cosa, porque, al menos, seran unas horas sustraidas al llanto». (Isabel Allende, en *Blanco y Negro*).

c. El escritor Gabriel Garcia Marquez habia experimentado una mala racha de cuatro años y no habia conseguido publicar ni una sola obra literaria. Un dia se fue de vacaciones con su mujer y sus dos hijos. Entonces, en la carretera entre Ciudad de Mexico y Acapulco, descubrio para su sorpresa que era capaz de recitar palabra por palabra el libro que habia querido escribir desde que tenia 15 años. […] «*Cien años de soledad* fue como una explosion», recuerda. «Cuando escribi mis libros siempre tuve la sensacion de que faltaba algo, pero no sabia el que. Solo sabia que queria escribir un libro en el que pasase de todo». (*El País*).

Aciertos: ……… de 41

TEMA 22   TOTAL aciertos: ……… de 210

Apéndice

Concordancia de tiempos verbales entre oración principal y oración subordinada en subjuntivo

1. Regla general

Oración principal	Oración subordinada
Condicional simple	**Pretérito imperfecto de subjuntivo**
Me gustaría	*que vinieras a mi casa.*
No trabajaría ahí	*aunque me pagaran bien.*
Me compraría el coche	*si tuviera bastante dinero.*

2. Oraciones finales *(para que...)*

Oración principal	Oración subordinada
• **Presente** **Pretérito perfecto compuesto** **Futuro** *Vengo / He venido / Iré*	**Presente de subjuntivo** *para que me devuelvan el dinero.*
• **Pretérito perfecto compuesto** **Pretérito perfecto simple** **Pretérito imperfecto** **Pretérito pluscuamperfecto** *He venido / Vine / Venía / Había venido*	**Pretérito imperfecto de subjuntivo** *para que me devolvieran el dinero.*

3. Oraciones adjetivas de relativo

Oración principal	Oración subordinada
• **Presente** **Pretérito perfecto compuesto** **Futuro** *No veo / he visto / veré a nadie*	**Presente de subjuntivo** *que tenga el pelo blanco.*
• **Pretérito perfecto compuesto** **Pretérito imperfecto** **Pretérito perfecto simple** **Pretérito pluscuamperfecto** *Han buscado / Buscaban / Buscaron / Habían buscado a alguien*	 **Pretérito imperfecto de subjuntivo** **Pretérito pluscuamperfecto de subjuntivo** *que tuviera el pelo blanco /* *que hubiera visto al asesino.*

4. Oraciones sustantivas *(Me gusta que... Es mejor que... Estoy harto de que... No creo que...)*

Oración principal	Oración subordinada
• **Presente** **Pretérito perfecto compuesto** *No estoy / No he estado seguro de*	**Presente de subjuntivo** **Pretérito perfecto de subjuntivo** **Pretérito imperfecto de subjuntivo** **Pretérito pluscuamperfecto de subjuntivo** *que vengan.* *que hayan venido.* *que vinieran.* *que hubieran venido.*
• **Pretérito perfecto compuesto** **Pretérito imperfecto** **Pretérito perfecto simple** **Pretérito pluscuamperfecto** *No he estado / No estaba / No estuve / No había estado seguro de*	 **Pretérito imperfecto de subjuntivo** **Pretérito pluscuamperfecto de subjuntivo** *que vinieran.* *que hubieran venido.*
• **Futuro imperfecto** *Será mejor*	**Presente de subjuntivo** *que vuelvas pronto.*

EJERCICIOS COMPLEMENTARIOS SOBRE TEXTOS NARRATIVOS

1. Ponga el verbo que aparece entre paréntesis en el tiempo y modo más adecuados.

a José Espinosa es fotógrafo de turistas, trabaja en la isla de Tabarca, cerca de Alicante. José Espinosa, Pepe *el Foto*, *(llegar)* 1_____ a la isla hace 22 años. Le *(acompañar)* 2_____ su mujer y sus tres hijos, sus cámaras fotográficas y poco más. *(Venir)* 3_____ dispuesto a poner en práctica un método revolucionario recién aprendido en Barcelona: el revelado rápido. «*(Empezar, yo)* 4_____ a utilizarlo en bodas y comuniones, primero en Barcelona y luego en Alicante. *(Ser)* 5_____ un buen negocio, porque *(comprar)* 6_____ el padrino, la madrina, los novios y los invitados, sin importarles el precio». Cuando *(establecerse)* 7_____ en la isla, los visitantes *(llegar)* 8_____ los martes, jueves y sábados a bordo de una barca que *(salir)* 9_____ de Santa Pola. Antes del mediodía *(tener, ellos)* 10_____ que abandonar la isla. Recuerda el fotógrafo que en los primeros años del negocio *(vender)* 11_____ todas las fotos que *(hacer)* 12_____ y le *(pedir)* 13_____ copia. Ahora, aunque el número de turistas *(multiplicarse)* 14_____, ya no *(comprar)* 15_____ todas las fotos. «Desde hace 10 años el negocio *(cambiar)* 16_____ mucho y ahora *(sacar, nosotros)* 17_____ el sueldo y poco más».

El País (extracto).

b Yo *(estar)* 18_____ jugando a las chapas con mi hermano pequeño delante de la puerta de casa cuando el hombre *(aparecer)* 19_____ (...).
El recién llegado no *(tener)* 20_____ un aspecto amenazador, pero por si acaso, *(coger, yo)* 21_____ de la mano a mi hermanito.
Al oírme llamar a mi madre, *(dar, él)* 22_____ un respingo. *(Extender, él)* 23_____ hacia mí un dedo tembloroso y dijo:
-Tú debes de ser mi hija.
(Quedarse, yo) 24_____ estupefacta. Por las medias palabras que *(ir)* 25_____ cogiendo de aquí y de allá, yo *(pensar)* 26_____ que mi padre *(andar)* 27_____ por América. Pero por lo visto no *(ser)* 28_____ así, ahora resultaba que mi padre *(ser)* 29_____ militar y que *(venir)* 30_____ de la guerra, porque de ahí *(ser)* 31_____ de donde *(venir)* 32_____ todos los soldados, ahí era a donde *(irse)* 33_____ cuando *(abandonar)* 34_____ sus hogares, yo lo *(ver)* 35_____ mil veces en las películas de la tele y en el cine del pueblo: los hombres *(irse)* 36_____ a la guerra y las niñas *(quedarse)* 37_____ en las casas esperando. Cómo no se me *(ocurrir)* 38_____ antes esa explicación, por eso *(marcharse)* 39_____, ahora todo resultaba lógico y *(estar)* 40_____ claro.
-He vuelto -dijo el hombre.
(Parecer, a mí) 41_____ una frase tonta e innecesaria, pero se la *(perdonar)* 42_____ porque *(estar)* 43_____ dispuesta a empezar bien la relación.

Un cuento triste (fragmento). Rosa Montero. El País semanal.

EJERCICIOS COMPLEMENTARIOS SOBRE TEXTOS NARRATIVOS

c *(Nacer, yo)* 44_____ en el centro de Sevilla, en un corral típico que *(llamarse)* 45_____ el «Corral trompero». La verdad es que *(formar, nosotros)* 46_____ una gran familia. Mi padre *(trabajar)* 47_____ en lo que *(poder)* 48_____, como todos los andaluces. *(Ser)* 49_____ albañil, vendedor ambulante, fotógrafo y hasta bombero, porque en Andalucía la posguerra *(ser)* 50_____ durísima. Recuerdo haber pasado muchísimas necesidades, aunque no *(conocer)* 51_____ el hambre, ya que pan para migar *(haber)* 52_____ en cualquier sitio. Sin embargo, *(conservar, yo)* 53_____ el sabor de una infancia feliz, rodeada de cariño, con aquellos patios de flores y aquellos olores que todavía *(llevar)* 54_____ dentro.
... Hasta que un día mi padre *(comprar)* 55_____ una radio. (...)
... Mientras las otras niñas *(jugar)* 56_____, yo *(bailar)* 57_____ en un rincón de la cocina. Y lo *(hacer)* 58_____ como me *(salir)* 59_____, porque nunca *(ver)* 60_____ bailar a nadie. *(Vivir)* 61_____ en un barrio del centro de Sevilla donde no *(haber)* 62_____ manifestaciones artísticas, como en Triana o en la Macarena. (...).
Y yo *(seguir)* 63_____ bailando sin que me *(ver)* 64_____ nadie, porque me *(dar)* 65_____ una vergüenza terrible.

Entrevista a Cristina Hoyos (fragmento). *Blanco y Negro.*

d Laura, una joven ejecutiva, *(deber)* 66_____ trasladarse hace unas semanas de Bogotá a Frankfurt en viaje de negocios. En vísperas del viaje la *(llamar)* 67_____ una querida amiga de la infancia que *(casarse)* 68_____ pocos días antes tras un noviazgo relámpago.
-Necesito pedirte un favor -le dijo-. Jorge, mi marido, *(deber)* 69_____ enviarle un encargo a su hermana, que *(vivir)* 70_____ en Frankfurt. No es nada que *(ocupar)* 71_____ espacio, no te preocupes: un paquete que *(pesar)* 72_____ poco y *(ser)* 73_____ más pequeño que un libro.
Laura *(aceptar)* 74_____ con todo gusto, encantada de hacerle un favor a su amiga: *(llevar)* 75_____ el paquete de Jorge a su hermana. Horas antes de su salida, la amiga *(acercarse)* 76_____ a su casa y le *(entregar)* 77_____ el objeto. A punto de despedirse le *(comentar)* 78_____:
-No *(tener)* 79_____ ni idea de qué *(ser)* 80_____ lo que *(ir)* 81_____ allí. Son cosas de Jorge y su hermana. Pero, al entregármelo, él me *(recomendar)* 82_____ que no lo *(abrir)* 83_____, porque *(poder)* 84_____ ser muy desagradable.

Un paquete para Laura. Daniel Samper Pizano. Dominical de *Diario 16.*

2. Complete el cuento escribiendo en los huecos uno de los verbos del recuadro en el tiempo y modo adecuado.

La tortuga gigante

tener   dar   enfermar (2)   vivir   ser   haber   estar   poder   querer   decir (2)

1_____ una vez un hombre que 2_____ en Buenos Aires y 3_____ muy contento porque 4_____ un hombre sano y trabajador. Pero un día 5_____, y los médicos le 6_____ que solamente yéndose al campo 7_____ curarse. Él no 8_____ ir, porque 9_____ hermanos chicos a quienes 10_____ de comer; y 11_____ cada día más. Hasta que un amigo suyo, que era director del zoológico, le 12_____ un día:

querer   ser (2)   irse   tener   dar   curarse   cazar   poder

-Usted 13_____ amigo mío, y 14_____ un hombre bueno y trabajador. Por eso 15_____ que 16_____ a vivir al monte, a hacer mucho ejercicio al aire libre para 17_____. Y como usted 18_____ mucha puntería con la escopeta, 19_____ bichos del monte para traerme los cueros, y yo le 20_____ plata adelantada para que sus hermanitos 21_____ comer bien.

irse   aceptar   hacer (3)   cocinarse   comer (2)   dormir   vivir   construir   cazar

El hombre enfermo 22_____, y 23_____ a vivir al monte, lejos. 24_____ allá mucho calor, y eso le 25_____ bien. 26_____ solo en el bosque, y él mismo 27_____. 28_____ pájaros y bichos del monte, que 29_____ con la escopeta, y después 30_____ frutas. 31_____ bajo los árboles, y cuando 32_____ mal tiempo 33_____ en cinco minutos una ramada con hojas de palmera.

tener (4)   lanzarse   lanzar   cazar   estar   ver   hacer   romper   apuntar   querer

El hombre 34_____ otra vez buen color, 35_____ fuerte y 36_____ apetito. Precisamente un día en que 37_____ mucha hambre, porque 38_____ dos días que no 39_____ nada, 40_____ a la orilla de una gran laguna un tigre enorme que 41_____ comerse una tortuga. Al ver al hombre, el tigre 42_____ un rugido espantoso y 43_____ de un salto sobre él. Pero el cazador, que 44_____ una gran puntería, le 45_____ entre los ojos y le 46_____ la cabeza.

EJERCICIOS COMPLEMENTARIOS SOBRE TEXTOS NARRATIVOS

> ir ser (2) tener (2) estar pesar acercarse ver sentir llevar (2) vendar sacar

-Ahora -se dijo el hombre- 47_____ a comer tortuga, que 48_____ una carne muy rica. Pero cuando 49_____ a la tortuga, 50_____ que 51_____ ya herida, y 52_____ la cabeza casi separada del cuerpo. A pesar del hambre que 53_____, el hombre 54_____ lástima de la pobre tortuga y la 55_____ arrastrando con una soga hasta su ramada y le 56_____ la cabeza con tiras de tela que 57_____ de su camisa. La 58_____ arrastrando, porque la tortuga 59_____ inmensa, tan alta como una silla, y 60_____ como un hombre.

> pasar curar sanar dar quedarse

La tortuga 61_____ arrimada a un rincón, y allí 62_____ días sin moverse.
El hombre la 63_____ todos los días, y después le 64_____ golpecitos con la mano sobre el lomo.
La tortuga 65_____ por fin.

Adaptado de Horacio Quiroga.

3. Complete el texto con uno de los verbos del recuadro en el tiempo adecuado.

Mario Vargas Llosa

> presentarse obtener (3) ser (2) aparecer nacer publicar residir
> vivir comenzar doctorarse licenciarse cursar

Mario Vargas Llosa 1_____ en Arequipa, Perú, en 1936. 2_____ sus primeros estudios en Cochabamba, Bolivia, y los secundarios en Lima y en Piura. 3_____ en Letras en la Universidad de San Marcos de Lima y 4_____ por la de Madrid. 5_____ durante algunos años en París y posteriormente en Londres y Barcelona.
Su carrera literaria 6_____ con la publicación de la novela *La ciudad y los perros*, que 7_____ el «Premio Biblioteca Breve» de 1962 y el «Premio de la Crítica» de 1963 y que 8_____ casi inmediatamente traducida a una docena de lenguas. En 1965 9_____ su segunda novela, *La casa verde*, que 10_____ asimismo el «Premio de la Crítica» de 1966 y el «Premio Internacional de Literatura Rómulo Gallegos» a la mejor novela en lengua española publicada en los cinco últimos años precedentes, en 1967. 11_____ también *Conversación en La Catedral* (1969); *Pantaleón y las visitadoras* (1973); *La guerra del fin del mundo*; 12_____ autor de varias obras de teatro y numerosos ensayos, el más famoso *Gabriel García Márquez: historia de un deicidio*.
Después de una breve incursión en la política - 13_____ como candidato para la presidencia de Perú y fue derrotado- 14_____ la nacionalidad española y 15_____ en nuestro país desde 1995.

4. En el texto que va a leer hemos suprimido algunos verbos y nexos. Rehaga el texto con la ayuda de la información de los recuadros (A = números, B = letras).

A

> presentar   multiplicarse   oír   soler   reprochar   suponer
> introducir   llegar   enterrar   ver   significar   atravesar
> ser (4)   velar   dar   seguir   unificar   llevar

B

> además   gracias a   tras   por último   pues   a veces   a partir de ahí

El Camino de Santiago

El peregrinaje medieval

Hay leyendas que acaban por perderse en el transcurso de los tiempos y otras que, más afortunadas, logran convertirse en las bases de auténticos fenómenos sociológicos. Una de estas fue la que creó y desarrolló el Camino de Santiago.
La leyenda comenzó durante los reinados de Carlomagno en Centroeuropa y Alfonso II en Asturias, a finales del s. VIII, al propagarse en todo el Occidente cristiano la noticia de que en el extremo más remoto de la Península Ibérica, en tierras de Galicia, estaba enterrado Santiago el Mayor, uno de los doce apóstoles.

El origen de la leyenda

La manera en que el cuerpo del Apóstol 1_____ a Galicia y la certidumbre del lugar donde 2_____ no tiene gran interés, a_____ lo que realmente cuenta son las consecuencias que la leyenda originó.
El primer paso lo 3_____ el obispo Teodomiro, que, dando por buenas las noticias que hablaban de que un monje había encontrado la tumba del apóstol, construyó un templo sobre el sepulcro. b_____, las noticias sobre prodigios, apariciones y milagros 4_____, lo que hizo aumentar cada vez más la fama y el prestigio de Santiago de Compostela como centro de peregrinación.
c_____ numerosos documentos, restos arqueológicos, iglesias, reliquias y sobre todo al Códice Calixtino, escrito por el clérigo francés Aimerico Picaud, actualmente podemos conocer lo que 5_____ Santiago, los itinerarios que 6_____ los peregrinos, y anécdotas de muchos viajes.

EJERCICIOS COMPLEMENTARIOS SOBRE TEXTOS NARRATIVOS

«El Camino»

Los itinerarios que 7_____ a Santiago eran muchos, pero el más conocido es el que aparece en el Códice. En él se habla de cuatro itinerarios por tierras francesas que 8_____ los Pirineos por dos lugares, Somport y Roncesvalles. d_____ pasar Pamplona se 9_____ en Puente La Reina y, desde allí, ya convertido en un solo camino, se dirigía por tierras de La Rioja, Burgos, Palencia y León, hasta Santiago de Compostela. La peregrinación 10_____ una práctica arraigada en el mundo cristiano, especialmente a los Santos Lugares, como Belén y Jerusalén. Los motivos que impulsaban a miles de peregrinos a aventurarse en largos, costosos, inseguros e incómodos viajes 11_____ muy diversos. Los había a los que tan solo les movía el interés religioso; otros cumplían promesas hechas en momentos difíciles de sus vidas; e_____ el peregrinaje respondía a la imposición de una pena canónica o, incluso, al pago de una pena impuesta por la justicia. f_____, tampoco faltaban los auténticos aventureros en busca de nuevas experiencias.
Durante el camino, los peregrinos 12_____ utilizar las hospederías públicas y las posadas, donde descansaban y convalecían de alguna enfermedad. El abuso de los precios 13_____ una práctica normal. A los posaderos se les 14_____ servir vino malo, dar mal de comer y practicar intercambios comerciales deshonestos. Los robos 15_____ bastante comunes.

La llegada

La llegada a Santiago 16_____ un motivo de júbilo extraordinario. Desde el Monte del Gozo, el peregrino 17_____ las altas torres de la catedral, después de días, y a veces meses, de penoso caminar. Una vez en la ciudad, 18_____ en la catedral durante toda la noche y, a la mañana siguiente, 19_____ las ofrendas al apóstol y 20_____ la santa misa. La recompensa era la absolución de sus pecados, bien en parte o en su totalidad.
El Camino tuvo repercusiones importantes en los reinos de Navarra, Castilla y León. g_____ de traer prosperidad, el Camino de Santiago 21_____ en la Península Ibérica la cultura y el arte románico.